Hanna Dietz

ENDLICH MUSS ICH NICHT MEHR WOLLEN, WAS ICH ALLES DARF

Hanna Dietz

ENDLICH MUSS ICH NICHT MEHR WOLLEN, WAS ICH ALLES DARF

Wie du entspannst, wenn du niemanden mehr beeindrucken willst

mvgverlag

Bibliografische Information der Deutschen Nationalbibliothek
Die Deutsche Nationalbibliothek verzeichnet diese Publikation in der Deutschen Nationalbibliografie. Detaillierte bibliografische Daten sind im Internet über http://dnb.d-nb.de abrufbar.

Für Fragen und Anregungen
info@mvg-verlag.de

Originalausgabe
2. Auflage 2022
© 2022 by mvg Verlag, ein Imprint der Münchner Verlagsgruppe GmbH
Türkenstraße 89
80799 München
Tel.: 089 651285-0
Fax: 089 652096

Wichtiger Hinweis:
Die gewählte männliche Form bezieht sich immer zugleich auf weibliche, männliche und diverse Personen. Auf konsequente Mehrfachbezeichnung wurde aufgrund besserer Lesbarkeit verzichtet.

Redaktion: Manuela Kahle
Umschlaggestaltung: Manuela Amode
Umschlagabbildung: Shutterstock.com/wannawit_vck
Satz: Satzwerk Huber, Germering
Druck: CPI books GmbH, Leck
Printed in the EU

ISBN Print 978-3-7474-0429-4
ISBN E-Book (PDF) 978-3-96121-819-6
ISBN E-Book (EPUB, Mobi) 978-3-96121-820-2

Weitere Informationen zum Verlag finden Sie unter
www.mvg-verlag.de
Beachten Sie auch unsere weiteren Verlage unter www.m-vg.de

FÜR CHRISTIANE

DANKE FÜR ALLES!
LIES DAS, KIND, DAS IST GUT. (INSIDERWITZE, VOL. I)

INHALT

EINLEITUNG:

AUF DEM SONNENDECK DES LEBENS

Allein schon die verschiedenen Begriffe für die Zeit, in der man nicht mehr jung ist, aber auch noch nicht alt, sind verwirrend. Mal ist die Rede von Midlife-Crisis, mal von Alterspubertät, dann wieder von den besten Jahren. Ja, was denn nun? Letzten Endes sind alle Begrifflichkeiten sowieso nur der Versuch, Etiketten aufzukleben. Aber wenn man schon eine Überschrift für diesen Lebensabschnitt braucht, kann man doch auch etwas Hübsches nehmen. Zum Beispiel: auf dem Sonnendeck.

Wir haben die wilden Gewässer hinter uns gelassen. Haben einen Beruf erlernt, eine Familie gegründet und Kinder großgezogen (oder auch nicht) und eine Heimat gefunden (ob in einem Reihenhaus, einer Etagenwohnung oder einer Hütte am Strand). Wir haben unter großer Anstrengung den Motor ans Laufen gebracht und den Kurs bestimmt, den unser Dampfer ansteuert. Jetzt ist es an der Zeit, aufs Sonnendeck zu kommen und die Aussicht zu genießen. Das lohnt sich. Denn die ist richtig gut! In der Mitte des Lebens wartet nämlich die große Freiheit. Und das aus vier Gründen:

Wenn der Lack ab ist, kann man erst richtig glänzen

Ja, wir sind noch attraktiv – aber wir spielen jetzt in einer anderen Liga. Selbst wenn wir uns fit halten, kommen wir gegen das falten-freie Leistungsvermögen von Jüngeren nicht mehr an. Zum Glück! Denn damit brauchen wir in diesem anstrengenden Wettbewerb auch nicht mehr anzutreten. Mitmischen tun wir trotzdem. Aber es geht uns nicht mehr um Rekorde und Siege und Idealmaße, sondern um den Spaß an der Freud. Und das macht uns erst richtig schön.

Die Kinder sind keine Kinder mehr

Die Kinder sind so groß und selbständig geworden, dass man nicht mehr an Haus und Abholzeiten und Schlafrhythmen gefes-selt ist. Man hat wieder Zeit für sich. Und kann sie sich nehmen! Man kann ihnen eine Textnachricht schicken, dass man jetzt ins Schwimmbad fährt oder einkaufen oder Kaffee trinken. *Und einfach aus dem Haus gehen.* Man kann ihnen sagen, dass man Yoga macht und nicht gestört werden will. *Und man wird tatsächlich nicht gestört.* Was sich wie eine Selbstverständlichkeit anhört, ist für Mütter und Väter fast ein Wunder.

Die biologische Uhr hat ausgedient

Auch für kinderlose Singlefrauen gibt es auf dem Sonnendeck neue Freiheiten. Die Phase, in der man noch schnell einen Mann fin-den wollte, um vielleicht doch noch Kinder bekommen zu können, ist endgültig vorbei. Dieser Abschnitt liegt unwiederbringlich hinter einem. Und auch wenn der Abschied von diesem Lebenstraum sehr schmerzhaft sein kann, kann es eine Befreiung sein. Der Zeitdruck ist weg. Man kann in aller Ruhe auf die Suche nach einem Partner gehen. Oder eben auch gar nicht und sein Leben als Single genießen.

Bye-bye, Coolness!

Die Coolness, wie wir sie kannten und früher verehrten, ist uns irgendwo auf dem Weg abhandengekommen, genau wie die Fähigkeit, stundenlang auf dem Boden zu sitzen und das auch noch gemütlich zu finden. Coolness gehört der Jugend. Und das ist gut so. Denn wenn man erst auf dem Sonnendeck seinen Liegestuhl aufgeschlagen hat, weiß man: Man kann entweder cool sein. Oder das machen, was man möchte.

In diesem Lebensabschnitt bieten sich so viele Möglichkeiten. Wir können nach Portugal jetten oder mit dem Wohnwagen an den Biggesee fahren, wir können Aquarellmalerei betreiben, Poker spielen, unser eigenes Gemüse anbauen, uns endlich den Stapel noch ungelesener Bücher vornehmen, fliegenfischen oder uns für Obdachlose engagieren. Wir können in Vereinen gesellig sein, alleine den Kilimandscharo besteigen, uns bei GNTM anmelden oder einfach auf dem Balkon sitzen und den Vögeln lauschen. Das Beste daran ist: Wie wir unser Leben gestalten, ist immer richtig. Welche Hobbys und Ziele und Leidenschaften wir uns auch aussuchen, ob wir alte Pfade verlassen und neue Wege gehen oder einfach alles so lassen, wie es ist – es gibt keine falschen Entscheidungen.

Wenn wir das alles aus den richtigen Gründen tun.

Für uns.

Das klingt jetzt erst einmal sehr simpel. Ist es aber nicht. Denn die Welt, in der wir leben, ist extrem komplex und es gibt haufenweise Faktoren, die unsere Entscheidungen beeinflussen. Viele davon sind unbewusste Mechanismen, die uns dazu bringen, Sachen zu machen, die wir eigentlich nicht machen möchten. Oder Sachen *nicht* zu machen, die wir eigentlich machen wollen.

Ein wichtiger Mechanismus ist die Gewohnheit. Wir verhalten uns, wie wir es von uns gewohnt sind. Wie *andere* es von uns gewohnt sind. Wenn man aus diesen Gewohnheiten ausbrechen möchte, fangen die Schwierigkeiten an.

Denn wir alle haben einen lebenslangen Vertrag als Hauptdarstellerin in unserer eigenen Telenovela. In dieser Telenovela führt eine ziemlich schwierige Person die Regie: die Erwartungshaltung. Und die ist eine echte Diva! So kompliziert wie Bridget Jones, so durchtrieben wie Cersei Lennister und manchmal auch so unbarmherzig wie Cruella de Vil.

Was nicht heißt, dass wir die Erwartungshaltung nicht überlisten können. Aber bevor wir aufhören können, nach ihrer Pfeife zu tanzen, müssen wir sie erst einmal durchschauen. Und dann nach und nach unsere Rolle nach unseren Vorstellungen ändern – auf die Gefahr hin, dass das Publikum erst einmal nicht begeistert ist. Aber so ist es nun mal: Die echte Freiheit fängt erst an, wenn wir niemanden mehr beeindrucken wollen.

Nicht mal uns selbst.

SCHMETTERLINGSEFFEKTE: KLEINE VERÄNDERUNGEN, GROßE AUSWIRKUNG

HAPPY HOUR MIT INGWERTEE

Welche unvorhergesehenen Auswirkungen kleine Veränderungen haben können, war mir nicht bewusst, als es mich das erste Mal erwischte. Die Sonne strahlte an diesem Frühlingstag, an dem ich mich mit zwei Freundinnen aus der Schulzeit, Silke und Nicole, im Straßencafé traf, Aachener Straße in Köln. Hier ist immer was los. Hippe Leute schieben sich zwischen den Tischen der Cafés vorbei, urbanes Feeling total! Ein perfekter Anlass, meine neue petrolfarbene Jacke auszuführen, die ich im Schlussverkauf ergattert hatte. Kaum saßen wir an einem der kleinen Metalltische, quatschten wir drauflos. »Prosecco!«, rief Nicole, »zur Feier des Tages!«

Die Kellnerin brachte drei Gläser, wir aßen leckere Tapas und unterhielten uns. Meine neue Jacke war im Sitzen hinten doch etwas kurz und ich zupfte dran rum. Waren 21 Grad früher nicht wärmer gewesen?, dachte ich fröstelnd. Dabei fiel mir ein: »Silke, weißt du noch, wie deine Mutter uns immer vor Nierenbeckenentzündungen gewarnt hat?«, fragte ich.

»Oh Mann, klar!« Silke rollte die Augen. »Jedes Wochenende! Sie hat immer so getan, als stünden wir mit einem Bein im Grab, nur weil wir nicht warm genug angezogen waren.«

»Wer schön sein will, muss frieren«, warf Nicole unseren damaligen Wahlspruch ein und wir lachten kopfschüttelnd über die Erinnerung. Da sah ich die Decken auf einer Bank neben dem Eingang liegen. Perfekt! Ich stand auf. »Möchte eine von euch auch eine?«, fragte ich und deutete auf den Berg mit den kuscheligen Decken.

»Hast du meine Hose nicht gesehen?« Nicole schlug die schlanken Beine in Lederoptik übereinander. »Die verhülle ich doch nicht!«

Ich wickelte die Decke um mich und setzte mich.

»Und gleich nach der Sitzgymnastik fängt unsere beliebte Bingorunde an«, sagte Silke spöttisch und klappte ihre Sonnenbrille aus dem Haar auf ihre Nase.

»Haha«, grinste ich und freute mich über die gemütliche Wärme, die sich in meinem Rücken und an meinen Beinen ausbreitete. Die Kellnerin räumte die Teller ab und legte eine Cocktailkarte auf den Tisch. »Oh, jetzt ist Happy Hour«, rief Nicole. »Ich nehme einen Mojito. Und ihr?«

Silke entschied sich für einen Caipirinha. Die beiden schauten mich an. Ich warf schnell einen Blick in die Karte. Auf einmal hatte ich große Lust auf einen heißen Tee.

»Ich nehme den Ingwertee«, sagte ich zu der Kellnerin. Erst als sie weg war, bemerkte ich, dass meine Freundinnen mich ungläubig musterten. »Ich glaub, ich hab es auf den Ohren. Irgendwie hab ich Ingwertee verstanden, dabei hast du doch bestimmt Margarita gesagt, oder?«, fragte Silke.

»Sie hat auf jeden Fall Margarita gesagt«, bestätigte Nicole. »Ich meine, Ingwertee! Zur Happy Hour! Das wäre ja total schräg. Die Leute würden uns für verrückt halten.«

»Dabei sind wir es auch«, vollendete Silke unser Motto von früher.

»Ähm. Ja. Da war mir gerade nach«, sagte ich leicht verlegen und zog die Decke etwas höher. Als die beiden merkten, dass ich es ernst meinte, schauten sie mich verwundert an.

»Ist alles in Ordnung?«, wollte Silke wissen.

»Ja, genau. Erst die Decke. Jetzt Tee«, hakte Nicole nach. »Bist du irgendwie krank?«

Ich horchte in mich rein, ob mich irgendwelche Bazillen piesackten, der Hals kratzte oder ich sonstige Anzeichen für eine Erkältung spürte. Aber der Gesundheitsscan blieb erschreckend unauffällig. Da stimmte doch was nicht. Ich hatte *nicht mal drüber nachgedacht*, wie ich mit diesen Insignien des Vorruhestands in der Öffentlichkeit wirken könnte. Es war mir für einen Moment völlig egal gewesen. Das ließ nur eine andere, äußerst alarmierende Diagnose zu. Es war keine drohende Erkältung. Es war schlimmer! Ich war offensichtlich *uncool* geworden.

»Nee«, beeilte ich mich zu sagen, »das war natürlich Quatsch mit dem Ingwertee. Was für eine blödsinnige Idee!« Ich riss mir die Decke von den Beinen, lief schnell rein zur Kellnerin und bestellte ordnungsgemäß eine Margarita. Auf dem Weg legte ich verschämt die Decke zurück. Meine Freundinnen atmeten auf und ich freute mich, dass wir danach wie früher »auf uns« anstoßen konnten.

MANCHMAL BLÄTTERT MAN EINE SEITE UM UND IST MITTEN IM NÄCHSTEN AKT

Im Grunde war die Happy Hour mit Ingwertee keine große Sache. Außer für mich. Es war nämlich das erste Mal, dass ich bemerkt habe, dass sich etwas geändert hatte. Dass *ich* mich geändert hatte. Dass Sachen, die für mich mal selbstverständlich waren, es auf einmal nicht mehr sind. In der Theorie des Schreibens würde man das ein »auslösendes Ereignis« nennen. Einen »Wendepunkt« in der Geschichte. Keiner von den ganz großen Wendepunkten, wo einem eine Schatzkarte in die Hände fällt oder man im Garten über eine Leiche stolpert und nichts mehr ist wie vorher. Eher ein Wendepunkt der stillen Sorte. Wie wenn man seine Lieblingshose nach längerer Zeit aus dem Schrank holt und sie auf einmal nicht mehr passt. Da kündigt man auch nicht seinen Job oder verlässt seinen Mann oder macht sonst irgendwas Revolutionäres. Nein, man überlegt einfach, wie das passieren konnte, und was man als Nächstes unternehmen soll: Diät oder Shoppen.

Obwohl es noch sehr nett gewesen war mit Silke und Nicole zur Happy Hour, hat es mich trotzdem gewurmt. Warum hatte ich mich von meinen Freundinnen zu etwas überreden lassen, was ich eigentlich nicht wollte? Ich überlegte, ob ich mich auch über die beiden ärgern sollte, weil sie mich dazu gebracht hatten, doch den Cocktail zu bestellen. Und die Decke aufzugeben. Aber erstens war es meine Entscheidung gewesen. Und zweitens haben auch sie sich nur an ihren Text gehalten. Sie haben die Szene genauso gespielt, wie wir sie schon hundertmal gespielt haben. Sie haben sich an die Regieanweisung gehalten. Nur ich nicht!

Die Regieanweisung, unsere Erwartungshaltung nämlich, hatte vorgegeben: »Ihr habt einen lustigen Abend wie früher.« Als ich die Decke geholt habe, hat die Regisseurin schon verwirrt die Augenbraue hochgezogen. Bei der Happy Hour bin ich dann komplett aus meiner Rolle ausgebrochen. Meine Freundinnen haben unsere typischen Witze gerissen – und damit sie damit aufhören, habe ich den Tee abbestellt und den Cocktail genommen.

Ich habe nicht das gemacht, was ich eigentlich wollte. Weil etwas anderes von mir erwartet wurde. Und weil ich beeindrucken wollte:

- meine Freundinnen, um ihnen zu beweisen, dass ich noch immer die Hanna bin, mit der man feiern gehen und Spaß haben kann.

- das Kölner Szene-Café, wo schon die Kellner hip sind, und die Gäste erst recht, und wo ich beweisen wollte, dass ich jung geblieben war und noch dazugehörte.
- mich natürlich. Auch mir wollte ich beweisen, dass ich noch keine langweilige alte Schachtel bin, die während der Happy Hour mit Omadecke über den Beinen am Tee nippt.

Bin ich noch nicht bereit fürs Sonnendeck? Muss ich mich, bevor ich es mir dort gemütlich machen kann, erst einmal sortieren? Und überlegen: Wer bin ich jetzt eigentlich?

ALTER IST DAS, WAS PASSIERT, WÄHREND DU DABEI BIST, DICH JUNG ZU FÜHLEN

Ich erzählte die Geschichte ein paar Tage später in der Redaktion meiner Kollegin Anja. »Meine Freundinnen haben mich angeguckt, als wäre ich verrückt geworden«, fasste ich zusammen. »Und das bin ich anscheinend auch.« Ich hoffte sehr, dass sie mir widersprach. Stattdessen schaute Anja mich ganz ernst an, schluckte und antwortete fast flüsternd: »Ich hab mir einen Oodie gekauft.«

»Einen was?«, wollte ich wissen. Sie zeigte mir Fotos. Ein Oodie ist ein knielanges Deckenzelt mit Kapuze aus gefüttertem Fleecestoff. Anja hatte sich das Modell »Knoblauchbrot« ausgesucht. Eigentlich wollte sie den blauen mit den Ottern drauf, die Sushi essen und fröhlich grinsen. Aber der war ausverkauft. Jetzt hat sie also ein gelbes Deckenzelt, auf dem Toastbrote abgebildet sind. Ich versuchte, diplomatisch zu bleiben: »Das sieht gemütlich aus.«

»Das Teil ist auch wirklich sooo gemütlich und kuschelig warm, das glaubst du nicht«, schwärmte sie und betrachtete zärtlich die Bilder auf ihrem Smartphone. »Mein Leben ist wirklich ein anderes geworden.«

»Und was sagt Rainer dazu?«, fragte ich vorsichtig.

Sie seufzte. »Er weiß es noch nicht. Bisher hab ich den Oodie nur getragen, wenn ich allein war. Zum Glück arbeitet er so viel.«

»Du hast also eine heimliche Affäre mit einem gigantischen Hoodie und ich bestelle Tee statt Cocktails«, fasste ich die Geschehnisse noch einmal zusammen und musste auf einmal lachen. Das einzig Beruhigende an dieser ganzen Sache war, dass ich offensichtlich nicht allein war auf meinem Weg in die Uncoolness. Ansonsten war geradezu erschütternd, was da mit uns passierte!

»Aber wie kann das sein?«, fragte ich entrüstet. »Ich bin doch viel zu jung für Ingwertee zur Happy Hour.«

»Offensichtlich nicht«, gab Anja zurück. »Du wolltest den haben, also passt das zu dir.« Als sie meine betretene Miene bemerkte, erklärte sie weiter: »Man liest überall den Spruch: *Man ist so alt, wie man sich fühlt.* Ich finde aber, das ist totaler Quatsch. Damit soll einem nur eingeredet werden, man habe es selbst in der Hand, wie alt man wirklich ist. Dabei stimmt das nicht. Man ist so alt, wie man nun mal alt ist. Ob man will oder nicht. Und in unserem Alter braucht eine Frau manchmal eben einen Oodie und einen Ingwertee«, sagte sie und stand auf, um zu einer Pressekonferenz zu fahren.

Ich blieb noch einen Moment an meinem Schreibtisch sitzen und dachte darüber nach, ob Alter eine unvermeidliche Tatsache ist, der man sich früher oder später beugen muss, oder bloß ein Konzept, das man individuell mit dem Inhalt seiner Wahl füllen kann.

Hat man aber die Wahl, wird es schon wieder kompliziert. Schließlich ist der Mensch ein soziales Wesen und als soziales Wesen orientiert man sich an der Gesellschaft, von der man sich Anerkennung erhofft. Schon ist man wieder beeinflussbar. Von seinem Umfeld aus Freunden und Bekannten – oder wie es in Soziologie und Pädagogik genannt wird: die Peergroup. Das ist eine soziale Gruppe, der man sich zugehörig fühlt. Sie kann großen Einfluss auf das Verhalten haben. Nicht nur bei Jugendlichen.

Und von den Medien ist man ohne Frage auch beeinflusst. Sie prägen das Bild, wie man in den besten Jahren optimalerweise zu sein hat: aktiv, möglichst faltenfrei, schlank, abenteuerlustig – mit anderen Worten jung geblieben – und gleichzeitig gelassen, souverän und selbstbestimmt. Das Beste aus zwei Welten sozusagen.

Dieses Bild der Medien von Menschen ab 40 aufwärts ist sehr schön. Und ich hoffe sehr, ich fühle mich irgendwann genauso, wie es in den Zeitschriften und Magazinen dargestellt wird. Bisher ist das eher nicht der Fall. Ich fühle mich einfach verwirrt.

Vielleicht ist der Begriff Alterspubertät, von dem neuerdings die Rede ist, doch ein sehr passender. Denn genau wie in der ersten Pubertät bemerkt man in der Mitte des Lebens körperliche Veränderungen, die plötzlich ganz andere Bedürfnisse wecken als die, die man bisher kannte. Nur geht es eben nicht um Pickelcreme, erste Liebe und die Einführung in die Welt der alkoholischen Getränke, sondern um Ingwertee, Heizdecken und Vorsorgeuntersuchungen. Und natürlich um die große Frage:

Wie schaffe ich es, die besten Jahre tatsächlich
zu den besten meines Lebens zu machen?

Was muss ich dafür tun? Und was lassen?

Die Antworten darauf sind nicht einfach zu finden. Sie sind quasi verschlüsselt – durch eine Vielzahl von neuen Möglichkeiten, die sich in der Lebensmitte plötzlich bieten, und durch die Veränderungen des Körpers, den man neu kennenlernen muss.

Es ist, als ob man erst einmal den Code knacken müsste für das, was in einem vorgeht.

Besonders für Frauen ab Mitte 40 sind die hormonellen Kapriolen eine Herausforderung. Wenn man über Jahrzehnte in einem berechenbaren Zyklus gelebt hat, auf den man sich trotz seines stimmungsschwankenden Naturells blind verlassen konnte, ist es geradezu beängstigend, wenn dieser Zyklus auf einmal willkürlich die Reihenfolge ändert und ohne Ankündigung macht, was er will.

Wie bei der Zusammenfassung von *Let's dance*: Da werden jeweils für ein paar Sekunden die Tanzpaare gezeigt, die sich zu den unterschiedlichsten Klängen drehen. Walzer, Tango, Salsa, Jive, Cha-Cha-Cha. So ähnlich fühlen sich die Wechseljahre auch an. Rasend schnell ändert sich der Rhythmus; und es ist kein Wunder, wenn man aus dem Takt kommt.

Hinzu kommt, dass man auch die Zeichen nicht mehr richtig deuten kann.

Früher wusste man genau, was in den nächsten Tagen zu erwarten ist. Wie ein Meteorologe, der angesichts der Satellitenbilder erkennt: Ein Tiefdruckgebiet ist von Norden im Anmarsch und bringt Nebel und Graupelschauer. In den Wechseljahren entpuppt sich dann aber zum Beispiel ein angekündigtes Hoch doch als Regenwetter, und ein aufziehender Sturm löst sich auf einmal in nichts auf. Ständig muss man sich überraschen lassen.

Mich verunsichert das. Und es nervt! Wenn ich jetzt schlechte Laune habe, kann ich es nicht mal mehr aufs PMS schieben. Was ja bedeuten könnte, dass schlechte Laune ganz alleine *meine Schuld* ist!

Kein Wunder, dass man ein bisschen Zeit braucht, um sich an diesen Wahnsinn zu gewöhnen. Vor allem, weil es auch noch andere körperliche Veränderungen gibt, die bisweilen unangekündigt auftauchen.

WER AUFTRUMPFEN WILL, BRAUCHT GUTE KARTEN

Wendepunkt Nummer zwei ereilte mich ebenso unvorbereitet. Bei einem Pressetermin im Literaturkeller. Was mir meinen guten Vorsatz in Erinnerung rief: Wenn ich mal groß bin, werde ich mich nie mehr blamieren. Und das schaffe ich bestimmt auch. Wenn ich endlich damit aufhöre, beeindrucken zu wollen.

Ich freute mich auf den Termin, bei dem die Bestsellerautorin Ursula Poznanski ihren neuen Krimi vorstellen sollte. Der Organisator war Jörn Himmelrath, ein alter Bekannter von mir. Als ich vor Ewigkeiten bei einem Jugendmagazin des WDR gearbeitet hatte, waren wir uns das erste Mal begegnet. Er hatte damals eine Künstleragentur gehabt und für unsere Sendung den einen oder anderen Showact besorgt. Er war mir als besonders kompetent aufgefallen, weil er mir immer wieder Komplimente für meine blauen Augen gemacht hatte. Jetzt betreute er verschiedene Literaturevents. Das letzte Mal gesehen hatte ich ihn vor einem Jahr. Da war ich völlig geplättet gewesen, weil aus dem leicht teigigen Witzbold mit der gewellten braunen Helmfrisur ein drahtiger, graumelierter Charmeur im schwarzen Slim-Fit-Sakko geworden war. Der lebende Beweis dafür, dass das Alter nicht zwangsläufig aufs Abstellgleis führen muss, sondern man wirklich cooler und attraktiver werden kann, auch wenn man nicht George Clooney heißt.

Das Ambiente im Literaturkeller würde mir dabei in die Karten spielen. Schummeriges Licht ist in Sachen Verjüngungseffekt mindestens so wirkungsvoll wie ein Facelift, nur ohne die fiesen Risiken und Nebenwirkungen – wie zum Beispiel Horrorfratze. Einfachste Methode also, jung und schön zu sein, ist, das Licht zu dimmen.

Auf dem Weg in den Literaturkeller war ich bester Dinge. Vor ein paar Tagen war ich zufällig beim Friseur gewesen. Graumeliert funktioniert bei mir leider nicht so. (Der George-Clooney-Gender-Gap!) Aber mit Sonnenreflexen im Haar, meiner figurschmeichelnden schwarzen Bluse und dem kaschierenden Frühlingsmantel fühlte ich mich super. Um meine Augen in Szene zu setzen und meinem Image bei Jörn Himmelrath gerecht zu werden, hatte ich Kontaktlinsen statt der üblichen Brille gewählt. Früher trug ich die immer. Heute sind sie mir eher lästig, weil die Augen so schnell trocken werden und ich außerdem manchmal unter der Brille hindurch linsen muss, wenn ich in der Nähe etwas lesen möchte. Aber heute hatte ich Kontaktlinsen angezogen, für ein kleines bisschen harmloses Flirten mit Jörn Himmelrath.

Das Kamerateam würde später dazustoßen, wenn wir das Exklusivinterview mit der Autorin machen würden. Umso mehr konnte ich mich gleich zu Beginn auf meinen alten Bekannten konzentrieren. Ich fuhr mir noch mal durch mein blondgesträhntes Haar und stieg die Treppe in den Keller runter. Indirekte Leuchten und LED-Kerzen tauchten das Gewölbe in goldenes Licht. Jörn kam mir entgegen. Schlank in Jeans, mit schwarzem Jackett und schwarzem Hemd. Er begrüßte mich und verriet dabei, dass es leider eine kleine

Last-minute-Planänderung gäbe. Poznanski sei verhindert. Ein Kölner Nachwuchsautor würde seinen Debütroman präsentieren. »Aber das ist ja sicher auch was für euch als Lokalredaktion«, sagte er.

»Natürlich«, sagte ich und klimperte mit den Wimpern.

Er zwinkerte mir zu. »Immer noch so strahlende Augen.« Na also, dachte ich befriedigt, Mission erfolgreich. Er drückte mir einen Zettel in die Hand. »Da steht alles drauf, was du wissen musst.« Er eilte weiter. Da stand ich also mit strahlenden Augen im schummrigen Licht und blickte auf den Zettel mit den Infos. Verschwommene Buchstabensuppe tanzte mir entgegen. Den fettgedruckten Titel konnte ich lesen. Der Rest bewegte sich wie ein Knäuel Ameisenstraßen auf dem Papier und blieb nicht lange genug still, als dass ich etwas entziffern konnte. Und mit den blöden Kontaktlinsen konnte ich auch nicht unter dem Brillenrand durchschauen. Mist! Ich hielt den Zettel immer weiter weg und kniff die Augen zusammen. Es nützte nichts. Der weißbärtige Reporter vom *Kölner Stadt-Anzeiger* warf mir einen belustigten Blick zu. Er balancierte eine Lesebrille auf der Nasenspitze. Um seine Falten zu vertuschen, hätte es schon stockfinster sein müssen.

Ich lächelte ihm zu und faltete schnell den Zettel zusammen, um diese peinliche Blindfisch-Posse zu beenden. Routine würde mich retten. Ich kannte den Titel, den Rest würde der Autor schon erklären. Die Standardfragen lauteten: Worum geht es? Wie sind Sie darauf gekommen? Für wen ist das Buch geeignet?

Im Nachhinein werfe ich mir natürlich vor, dass ich den Titel des Buches vorher nicht doch hinterfragt habe. Aber in einer Welt, in der Vulgärdeutsch bei Radiomoderatoren offenbar als hip gilt, sogar der Schnurrbartkunst verfallene Trödel-Opis Bücher über Arschlöcher schreiben und Bestsellerlisten reihenweise Titel enthalten, in denen die Begriffe »Scheiße«, »Arsch« oder »Fuck« vorkommen, wundert einen gar nichts mehr.

Ich saß also entspannt auf einem der mit rotem Samt überzogenen Lehnstühle und lauschte der ersten Frage, die Jörn Himmelrath an den Autor richtete: »Worum geht es in deinem Buch, Manuel?«

Der Autor verfranste sich in einer düsteren Story von einem Großwildjäger und einem Spieler des FC und einer Verschwörung, die von Sibirien bis in die Niederungen des Geißbockheims eine Blutspur zog. Ich meldete mich zu Wort. »Aber was hat das mit dem Titel zu tun? Der ist ja eher ungewöhnlich.«

»Wieso?«, fragte dieser minderbemittelte Autor.

»Na, *Arschangeln – Tote Eimer* ist ja nun eher skurril …«

Stille im Raum.

»Was?«, fragte der Autor verwirrt.

Prusten im Saal. Jörn Himmelrath verkniff sich ein Lachen. Der Reporter vom *Stadt-Anzeiger*, der neben mir Platz genommen hatte, schaute mich über seine Lesebrille milde lächelnd an und flüsterte mir zu: »Der Titel heißt: *Archangelsk – Tod des Eises*.«

Alt werden ist gar nicht schlimm.
Man darf nur nicht drüber nachdenken.
Altersweisheit für Anfänger

DIE PHASE ZWISCHEN »COOLE SAU« UND »KOMISCHER KAUZ« NENNT MAN WOHL ... ERWACHSENSEIN

Da erreiche ich also die Lebensmitte, und anstatt total gechillt Richtung Weisheit zu segeln, habe ich mal wieder den Durchblick verloren (zumindest im Halbdunkeln), und es türmen sich eine Unmenge von Fragen vor mir auf. Was passiert mit mir? Welches Schnippchen wird mir mein Körper als Nächstes schlagen? Wieso versuche ich überhaupt noch, mit brillenfreiem Augenaufschlag Komplimente von irgendwelchen Bekannten zu erhaschen? Bin ich noch cool oder schon kauzig? Oder irgendwas dazwischen?

Auf eines ist jedenfalls Verlass:

> Das Leben ändert sich. Nicht alles auf einmal,
> nicht von heute auf morgen und auf einen Schlag.

Die Uncoolisierung scheint jedenfalls ein Prozess zu sein, der größtenteils unbemerkt abläuft. Wie ein Computer-Update, das im Hintergrund überflüssige Dateien löscht und neue aufspielt. Diese Neuerungen bemerkt man ganz lange nicht. Bis man eines Tages in den Baumarkt fährt und sich ein Abflammgerät für das hartnäckige Unkraut in der Einfahrt kauft. Was in Sachen Spießerimage sogar den Laubbläser schlägt. Aber eben auch ziemlich praktisch ist, schließlich muss man sich dabei nicht bücken. Und ins Schwitzen gerät auch nur das Unkraut ... äh. Zurück zum Thema.

Coolness. Das war einmal das größtmögliche Ziel der Persönlichkeitsentwicklung. Wer cool ist, beeindruckt mit Lässigkeit, Stil,

Ausstrahlung und einer entspannten Haltung, mit der man der Welt begegnet. Wer auch in stressigen Momenten cool bleibt, macht sich unangreifbar. Der Begriff geht zurück bis in die Sklavenzeit in Amerika, als die Schwarzen sich gegen die Unterdrückung der Weißen nicht wehren konnten. Sie durften ihre Gefühle nicht zeigen, mussten einen kühlen Kopf bewahren, also »cool bleiben«, um nicht Gefahr zu laufen, bestraft zu werden. Natürlich hat sich der Begriff seitdem gewandelt. Jetzt beschreibt er nicht mehr nur eine Haltung, sondern umfasst ebenso Äußerlichkeiten: coole Klamotten, coole Frisuren, coole Handys und andere Statussymbole, die gerade angesagt sind. Als cool bezeichnet zu werden, ist die maximale Anerkennung. Wenn man jung ist zumindest.

Ich weiß noch, wie auf dem Schulhof alle krampfhaft versucht haben, zu einer der angesagten Cliquen zu gehören. Ist mir auch damals schon nicht gelungen. Für die Schwarzgekleideten in der Raucherecke war ich nicht destruktiv genug. Für die Skaterclique fehlte mir das Skateboard. Ich wollte mir weder die Haare dauerwellen (für die Zickenclique disqualifiziert), noch wollte ich toupieren (Gothic fiel damit aus) noch in Karottenrot oder Grasgrün umfärben (wie die extravaganten Mädchen der Kunst-AG) noch scheiteln und den Kopf schief halten und eine Aktentasche mit mir rumschleppen (mit Poppern konnte ich nie was anfangen).

Meine Version von Coolness bestand vor allem darin, mir möglichst wenig anmerken zu lassen, wie unsicher ich war und wie sehr ich die bewundert habe, denen es scheinbar mühelos gelang. Das war furchtbar anstrengend, hat aber irgendwie funktioniert. Schließlich war ich jung und voller Energie – und vor allem der festen Überzeugung, dass dieser Unsinn mit dem Zwang zum Coolsein von selbst aufhören würde und man sich automatisch keine Gedanken mehr macht, wie man auf andere wirkt, sobald man erwachsen geworden ist. Was für eine grandiose Fehleinschätzung!

Es ist leider auch später noch wichtig, was andere von einem halten. Bis zu einem gewissen Punkt ist das auch ganz normal. Anerkennung gehört zu den psychologischen Grundbedürfnissen. So wachsen wir auf. Schon als Kinder suchen wir die Bestätigung unserer Eltern, dass wir Sachen gut oder richtig machen. Gelobt werden, Komplimente bekommen, Anerkennung finden – das brauchen wir auch als Erwachsene noch, um zufrieden zu sein. Und manchmal macht es uns sogar glücklich.

Zumindest wenn das eigene Verhalten, das nach Bestätigung strebt, im Einklang mit dem steht, was man wirklich möchte. Oder was man überhaupt noch kann. Ohne Gleitsichtbrille und Knacken der Gelenke.

Die Karten, mit denen man aufspielen kann, ändern sich. Trümpfe, die man vielleicht mal im Ärmel hatte, werden rarer. Selbst wenn man sich fit hält, sind irgendwann Verschleißerscheinungen zu bemerken. Und von einigen Ausfällen des Systems wird man mitunter richtig überrumpelt.

Ob es das Lesen von Kleingedrucktem bei Funzellicht ist oder eine sportliche Leistung, die man mal mühelos beherrschte.

Wie Trampolinspringen. Als wir eines für den Garten gekauft hatten und ich meinen Kindern etwas vorführen wollte, habe ich jedenfalls gestaunt, was alles nicht mehr geht. Spontanes Springen zum Beispiel.

Auch plötzlich eine Herausforderung: abends um zehn noch eine Peperoni-Pizza essen. Während man früher noch mitten in der Nacht die King-Platte beim Kim Phuc Imbiss verdrückt und anschließend geschlafen hat wie ein Baby, sind nächtliche Schlemmerorgien ohne

Reue längst passé. Dafür weiß ich jetzt, was ein Protonenpumpen-hemmer ist. Da soll noch einer sagen, in der zweiten Lebenshälfte gäb's keine Überraschungen mehr. All das ist normal. Und macht es einem manchmal leichter, sich von der Coolness zu verabschieden.

Mit Rücken tanzt man kein Pogo!

Obwohl ein gewisser Trennungsschmerz nicht zu verhehlen ist, bei mir jedenfalls. Denn sich von der Coolness zu verabschieden heißt auch, sich endgültig von der Jugend zu verabschieden. Und so zu werden, wie man niemals werden wollte: nämlich wie die Genera-tion der eigenen Eltern, die damals auch staunend vor so mancher Mode stand, von der Wichtigkeit von Altersvorsorge schwafelte und darauf beharrte, dass man Türen mit der Klinke zumacht.

BEKENNTNISSE EINER UNCOOLEN FRAU IN DEN BESTEN JAHREN, WENDEPÜNKTCHEN 1

2. Juli

Hab einen Vokabeltest verhauen. Wollte heute bei den Freundinnen meiner Tochter flexen. War ziemlich cringe! Imagine, du kannst noch Jugendsprache, aber keiner versteht dich. Die drei Mädels hockten am Tisch und schaufelten Müsli in sich rein. Sina trug ein ***Friends don't lie***-T-Shirt. Super Aufhänger für mich. »Hey yo, Mädels, was geht«, sagte ich lässig, »die neue Staffel ***Stranger Things*** ist ja wohl sick as fuck.« Sina und Holly hätten sich beinahe an ihrem Müsli verschluckt.

»Und die Klamotten sind voll swag«, fügte ich hinzu. »Funfact! Hatten wir damals auch, Neonfarben und knallbunte Lidschatten.«

Meine Tochter hat mich ungerührt angesehen und gesagt: »Tschüs, Mama.«

Genauso gut hätte ich versuchen können, in einem Affenkostüm eine Rede zur Lage der Nation zu halten. So also fühlt sich Cancel Culture an. Hab's voll kapiert. Schwöre!

13. Juli

Früher war mein Motto: Die Laune steigt mit der Temperatur. Subtropische Gefilde, Rom im August, pralle Sonne auf dem Balkon – kein Problem. Heute habe ich festgestellt, dass ich eine neue Angst entwickelt hab: die Angst vor Hitze. Das liegt an Hoch Erika. In den nächsten Tagen soll es hochsommerlich werden. Die Wettervorhersage der *Tagesschau* zeigt alarmrote Gebiete in ganz Deutschland. Mir bricht augenblicklich der Schweiß aus. Mit bangem Blick scrolle ich durch die Wetter-Apps, bis ich die gefunden hab, die die niedrigsten Temperaturen voraussagt: wetteronline – Köln: 35 Grad. Die anderen Seiten zeigen noch apokalyptischere

Gradzahlen. Mir wird richtig mulmig. Dabei hab ich bis vor kurzem noch die beste Schwiegermutter der Welt belächelt, wenn sie bei 24 Grad die Bude verrammelt und gewarnt hat: »Geht nicht raus in die Hitze!« Und jetzt bin ich kurz vor einem Panikanfall, weil es nächste Woche über 30 Grad werden soll. Aber das Allerschlimmste daran ist: Die tropischen Nächte! Ich weiß jetzt schon, dass ich nachts im Bett liegen und vor mich hin schwitzen und mich fragen werde, wann mich die Hitzewelle dahinrafft.

16. Juli

Hoch Erika ist nicht so schlimm wie befürchtet. Es ist zwar über 30 Grad, aber vom Hitzetod bin ich weit entfernt. Jedenfalls rede ich mir das ein. Meine Panik kommt mir auf einmal lächerlich vor. War deswegen richtig übermütig. Hab im Getränkemarkt statt Jever Fun eine Kiste Tannenzäpfle-Bier gekauft. Was nicht so richtig schlau war, wie mir jetzt klar wird. Weil jetzt müssen wir das ja auch trinken! Was nicht selbstverständlich ist. Denn als ich den ganzen Kefir beiseitegeräumt hatte, hab ich ganz unten im Kühlschrank noch Bier entdeckt. Abgelaufenes Kölsch von meiner letzten Geburtstagsfeier!

17. Juli

Schade, dass ich keine Zinnlöffel besitze. Die hätte ich jetzt mit dem Gammelbier putzen können. Hab mal bei frag-mutti.de nachgeschaut, was man damit noch anstellen kann. Auch so eine erstaunliche Entwicklung: Je älter man wird, desto moderner erscheinen einem alte Hausmittel. Aber hat sich gelohnt. Hab gelesen, dass es für Grünpflanzen ein toller Dünger ist, und alles in meinen Bambus gekippt. Was mein altes junges Ich wohl sagen würde, wenn es sehen könnte, wie ich Bier in einem Blumenkübel versenke? Immerhin riecht es jetzt auf der Terrasse nach Kneipe. Ist doch auch schon was.

9. August

Wer was auf sich hält, schreibt eine Bucket-Liste. Die sind voll angesagt, wie man so hört. Keine Ahnung, warum. Ich hasse Bucket-Listen, seit wir zur Hochzeit das Buch bekommen haben: *250 Dinge, die man zusammen erlebt haben muss*. Unter Punkt 6 stand: Sich gegenseitig die Zähne putzen (mit verbundenen Augen).

Ich hab das Buch irgendwo unter den Glückwunschkarten versteckt und beim letzten Umzug ist es mir aus Versehen in die Altpapiertonne gefallen. Irgendwie hatte ich gehofft, niemals wieder mit so einem Unsinn konfrontiert zu werden. Und dann werde ich 50 und finde das eigentlich gar nicht schlimm. Bis ich auf einmal drei verschiedene *Was man im Leben getan haben muss*-Bücher bekommen habe. Nach dem Motto: Die Zeit wird knapp! Torschlusspanik! Jetzt aber husch, husch und rein ins Abenteuer. Viagra nehmen! (Wird im Ernst erwähnt!) Fallschirmspringen! (Das Ein-Meter-Brett ist mir schon zu hoch!) In einem Wasserfall duschen! (Gilt auch der Regenduschkopf?) Eine Giraffe melken (oder war es eine Kuh?). Ein Popcornbad nehmen! (Hä?) Sich selbst völlig blamieren! Im Ernst? Ich meine, hallo! Ich bin 50. Die Momente, in denen ich mich völlig blamiert habe, kann ich überhaupt nicht mehr zählen!

Was man im Leben definitiv nicht getan haben muss, ist eine verdammte Bucket-Liste zu erfüllen!

DAS SELTSAME IMPONIERVERHALTEN DES HOMO SAPIENS

COOLER WIRD'S NICHT. ABER BESSER SCHON! – QUALITÄTSMANAGEMENT FÜR DIE BESTEN JAHRE

Nichts ist so beständig wie der Wandel, wusste schon der griechische Philosoph Heraklit vor mehr als 2000 Jahren. Sich dagegen wehren bringt nichts. Und wäre auch schade. Denn jede Veränderung bringt neue Chancen mit sich. Oder, um es mit Molière zu sagen: »Wo sich eine Tür schließt, öffnet sich eine andere.« Man muss sie nur finden. Am besten möglichst schnell. Denn eine Sache ist leider klar: Ich habe nicht ewig Zeit, um aus dem, was man die besten Jahre nennt, auch wirklich die besten zu machen.

> Um die gute Aussicht so lange wie möglich genießen
> zu können, sollte man aufs Sonnendeck kommen,
> lange bevor man in den Zielhafen einläuft.

Mein Plan dafür ist einfach:

Das, was mir guttut, machen.

Das, was mir nicht guttut, lassen.

Die Herausforderung – das Gute vom Schlechten zu unterscheiden.

Einfach zu sagen: »Ich mach jetzt nur noch, was ich will, und wenn euch das nicht passt, ist mir das völlig schnuppe«, ist zwar verlockend, aber keine wirkliche Option. Ich brauche ja meine Leute! Meine Familie, meine Freunde. Komplett auf Anerkennung zu verzichten, geht auch nicht. Ich muss also einen Mittelweg finden.

Mich mit der Regisseurin meiner eigenen Telenovela arrangieren und die Erwartungshaltungen an mich neu definieren. Und da fangen die Schwierigkeiten an. Die Erwartungshaltung wächst nämlich mit. Mit allem, was man kann und schon mal gemacht hat, setzt man neue Messlatten. Die Möglichkeiten, mit seinen Taten und Unternehmungen Eindruck zu schinden, sind dabei unheimlich groß.

Auch in Sachen imagebildender Maßnahmen leben wir in einer Überflussgesellschaft. Zu Schulzeiten reichten *Fruit of the loom*-Sweatshirts, schicke Dauerwellen, mit »No Future« bekritzelte Army-Rucksäcke, Adidas Allround Sneaker, Nietengürtel oder Buttons mit »Atomkraft – nein danke!«, um zu imponieren. Seitdem allerdings hat sich mit jedem Lebensjahr das Potenzial für Prestige vergrößert. Im Erwachsenenalter kennt es scheinbar keine Grenzen mehr.

Man kann auftrumpfen mit Premierenabos, mit handgezogenen Tomaten (alte Sorten!), mit Erfolgen am Aktienmarkt und Immobilienkäufen, mit unglaublichen Anekdoten aus dem Berufsleben, mit einem stets geputzten Zuhause, mit modischen Schnäppchen aus dem Schlussverkauf, mit modischen Extravaganzen aus teuren Boutiquen, mit Urlauben (ob luxuriös oder wie früher mit Rucksack und auf eigene Faust), mit selbstgebackenen Tortenmeisterstücken, mit Fünf-Gänge-Menüs, mit Marathons und Triathlons und Ultrathons, mit Wissen und Belesenheit, mit Karriereschritten und mit Elektroautos und mit außergewöhnlichen Hobbys und mit seinen Kindern und mit dem, was man alles an einem Tag geschafft hat, und mit den Projekten, die man jetzt in Angriff nimmt, und mit selbstgebackenem Brot und eigenhändig renovierter Gartenlaube und mit tollen Kurztrips am Wochenende, wo man stramm ein paar Berge hoch und runter latscht und nebenbei noch eine Galerie mit Schablonengraffiti besucht, über die es reichlich zu diskutieren gibt.

Und anstatt wie früher nur zu versuchen, die coolen Leute aus der Stufe zu beeindrucken, gibt es heute gar keine Grenzen mehr für das Publikum der eigenen Performance. Chefs, Kolleginnen, Freunde, Familie. Eltern von Schulfreunden der Kinder. Leute, die man für interessant hält. Leute, die einen selbst für interessant oder unterhaltsam oder lustig halten, was man jedes Mal glaubt, unter Beweis stellen zu müssen.

Selbst Leuten, die einen gar nicht mögen, möchte man imponieren, damit sie vielleicht ihre Meinung ändern oder man ihnen wenigstens eins auswischen kann. Man hat den Eindruck, andere beeindrucken zu wollen, ist eine Art Volkssport geworden.

Umso wichtiger ist, dass jeder sich überlegt, wo sich ein Einsatz lohnt. Welche Energie gewinnbringend eingesetzt werden kann und welche reine Verschwendung ist. Um das für mich herauszufinden, wende ich ein Qualitätsmanagement für mein eigenes Leben an. Gewohnheiten, Ansichten, Einstellungen, berufliches Engagement, Freizeitverhalten, soziale Kontakte – alles darf mal auf den Prüfstand. Dabei frage ich mich zum Beispiel:

- Für wen mache ich das eigentlich?
- Tut mir das gut oder nicht?
- Will ich beeindrucken oder kann das weg?

DER FLEISSIGE-BIENCHEN-CONTEST

Es gibt Leute in meinem Alter, die vor Energie nur so strotzen. Sie scheinen kein bisschen Ermüdungserscheinungen zu haben und erledigen jeden Tag das Pensum einer Heerschar von Heinzelmännchen.

So ein Mensch ist Daniela.

Daniela ist eine Freundin und ehemalige Kollegin. Wir haben zusammen Volontariat gemacht und sind ungefähr gleich alt. Sie hat zwei Kinder und arbeitet in der Pressestelle eines Energieversorgers. Ich mag sie. Glaub ich. In letzter Zeit haben wir uns nicht mehr so oft gesehen, aber sie ruft regelmäßig an. Wenn ich ihre Nummer auf dem Display sehe, freue ich mich, dass sie an mich denkt. Außerdem erfährt man sehr viele interessante Sachen. Zum Beispiel, was eine Frau in 24 Stunden alles leisten kann. Heute berichtete sie, dass sie die Spülmaschine repariert, ein Gemüsebeet angelegt und für ihren Sohn, der für ein paar Monate auf eine Highschool in Denver gehen wird, eine Weltkugeltorte gebacken hat. Noch bevor ich nachfragen konnte, wie sie die Weltkugel in Form bekommen hat, dachte sie laut darüber nach, ob sie sich ein paar Bienenvölker anschaffen soll, wo sie doch am Wochenende so einen spannenden Imkerkurs gemacht hat. »Ach ja«, sagte sie und schob ein fröhliches Lachen hinterher, als wäre das Leben Ponyhof und Jahrmarkt in einem. »Und dann muss ich noch dieses große Marketingprojekt durchziehen und Lukas' Abschiedsfest vorbereiten.«

»Wow!«, sagte ich und überlegte, was ich heute schon alles Produktives gemacht hatte. Zum Mittag hatte ich mir ein schönes Butterbrot mit Fleischwurst geschmiert. Und ich hatte einen Kaffeespritzfleck von meiner Küchenfront weggewischt, der ein bisschen ausgesehen hat wie die linke Gesichtshälfte von Che Guevara. Aber dann fiel mir noch was ein, was ich erzählen konnte. »Ich hab eben alle Blumen gegossen!«, sagte ich beflissen. »Das dauert ja ewig bei dem Dschungel allein im Wohnzimmer. Mein Orangenbaum ist übrigens super gewachsen. Du weißt doch, den ich aus dem Kern gezogen hab.«

»Hm. Kann sein«, sagte Daniela abgelenkt.

»Und ich werde jetzt bald den Hochdruckreiniger testen, den wir uns endlich gekauft haben.«

»Ja, die sind praktisch. Ich hab auch schon unsere ganzen Gartenmöbel und Fahrräder damit gereinigt und die Kellertreppe.«

Natürlich hatte sie das, dachte ich und war ganz froh, als sie verkündete, dass sie jetzt ihren Apfelbaum schneiden müsse. Nachdem ich aufgelegt hatte, gönnte ich mir nur einen Moment der Ruhe, dann eilte ich in die Küche, um die braungesprenkelten Bananen in ein wundervoll schmackhaftes Bananenbrot zu verwandeln und einen Pizzateig anzusetzen. Ich machte schnell Beweisfotos und schickte sie an Daniela, damit sie wusste, wie aktiv und fleißig ich sein kann. Ich wollte ja nicht wie eine totale Amateurin dastehen, während sie offensichtlich Wonderwoman war.

Ein paar Wochen später rief sie wieder an. Als ich ihre Nummer im Display sah, spürte ich eine leichte Welle des Unbehagens, aber der Automatismus Klingeln und Drangehen war schon aktiviert. Der Mensch ist manchmal auch nicht besser als ein Pawlow'scher Hund.

»Hi, wie geht's?«, hatte ich kaum gesagt, schon ging es wieder los. Sie hat dem Idioten von der Sanitärinstallationsfirma erklärt, wie er seinen Job zu machen hat, ihre Tochter zu einem Leichtathletikwettbewerb gefahren und einem Nachbarn geholfen, die Einfahrt zu pflastern. Was an sich schon im totalen Profi-DIY-Bereich ist. Doch mir fiel noch was anderes auf, während sie redete. Auch die Art, *wie* sie von ihrem Alltag erzählt, erzeugt das Gefühl, es mit einer Art übernatürlichen Erscheinung zu tun zu haben. Dieser Nachdruck in ihrer Stimme, der nach Daueralarm klingt, die Bandwurmsätze, die vermutlich zeigen sollen: »Siehst du, ich hab nicht mal Zeit, beim

Sprechen eine Pause zu machen! Aber wer braucht schon Pausen, wenn es doch so viel zu tun gibt!« Das dazwischengeschobene Lachen, das wohl bedeuten soll, dass sie gar nichts aus der Bahn werfen kann und sie alles mit Humor nimmt.

Ich versuchte das auch mal. »Ich war beim Altglas«, stieß ich alarmiert aus und schnappte nach Luft, »überall lagen Scherben rum, wirklich, ich hab schon überlegt, ob ich mich bei der Stadt beschwere, ich meine, wenn da Kinder reintreten!«

Ambitionen, die das Gemeinschaftswohl in den Mittelpunkt stellen, sind sehr wichtig. »Andererseits, was wollen Kinder beim Altglas? Ihre Schnapsflaschen entsorgen?« Ich lachte und fühlte mich einen Moment lang sehr gut. Dann sagte Daniela: »Ich war schon ewig nicht mehr beim Altglas. Weil wir kaum noch Wein trinken.«

»Ich ja auch nicht!«, beeilte ich mich zu sagen. »Es gibt immer ein paar Tage in der Woche, in denen ich …«

»Nein, ich mach richtig Pause. Gar keinen Alkohol mehr bis …«

Der Rest ging unter in einem Rauschen in meinen Ohren. Keine Ahnung, was sie gesagt hat, wie lange ihre Abstinenzphase dauert. Bis zu ihrem Geburtstag. Oder bis Weihnachten. Oder bis ins übernächste Jahrtausend. Irgendwie so was. Du meine Güte, dachte ich grimmig, halt dich wenigstens an die verdammte Fastenzeit. Das ist doch wohl schon deprimierend genug. Für die anderen, die das nicht durchziehen und deswegen ein schlechtes Gewissen haben. Aber Daniela wäre eben nicht Daniela, wenn sie nicht einen draufzusetzen hätte.

ANGEBEN IST WAS FÜR ANFÄNGER. FORTGESCHRITTENE PERFORMEN

Daniela ist Meisterin im Beeindrucken. Ihre Performance ist makellos. Man könnte ihre Paradedisziplin auch *Schnick, Schnack, Schnuck mit Leistungen* nennen.

Wohnzimmerstreichen schlägt Hausputz.
Karate schlägt Yoga.
Garten umgraben schlägt Rasenmähen.
Wandern im Hohen Venn schlägt Spaziergang am Rhein.

Und ja, bin ich beeindruckt von dem, was sie alles kann und macht. In letzter Zeit allerdings werde ich regelrecht atemlos vom Zuhören. Sie stresst mich mit ihrem Stressgequatsche. Über den Stress zu reden, selbst über meinen, stresst mich aber auch. Und ich stresse mich selbst, indem ich versuche mitzuhalten und sie ebenfalls zu beeindrucken. Ein Teufelskreis!

Nach unseren Telefonaten bin ich erschöpft, als hätte ich einen Querfeldeinlauf gemacht. Und warum? Weil wir offensichtlich immer noch Konkurrentinnen sind! Aber hier geht es nicht um einen gut bezahlten Redakteursposten oder um einen Journalistenpreis.

Hier geht es nur darum, wer das anstrengendere und erfolgreichere Leben hat. Was ist das denn für ein bescheuerter Wettbewerb?

Und warum mache ich da überhaupt mit? Für mich mache ich das jedenfalls nicht. Für mich gibt es nämlich nichts zu gewinnen. Oder wird mein Leben auch nur einen Deut besser, wenn es mir gelingen würde, Daniela in der Kunst der Imkerei oder in ihrem handwerklichen Können zu übertreffen? Wenn es so wäre, weiß ich jedenfalls davon nichts.

DER WEG IN DIE HÖLLE IST GEPFLASTERT MIT IMPERATIVEN

Es gibt so viele Danielas, die in einer anderen Liga spielen als ich. Die haufenweise coole Sachen machen, die ich nicht hinbekomme. Aber anstatt das einfach hinzunehmen, gehe ich mit mir ins Gericht. Das Problem an den Begegnungen mit Daniela & Co ist nämlich gar nicht das, was *sie* sagt.

Sondern das, was *ich* daraus mache.

Während sie erzählen, fange ich automatisch an, mein Leben zu überprüfen und zu bewerten. In meinem Kopf läuft parallel eine zweite Tonspur, auf der sich meine Gedanken und Gefühle äußern. Ein innerer Monolog, angezettelt von dieser miesen Regisseurin Erwartungshaltung. Und dieser innere Monolog mündet jedes Mal in einem Imperativ. In einer Handlungsaufforderung an mich selbst.

Das funktioniert so:

Wenn Daniela mir von ihrem Engagement für die Highschool-Karriere ihres Sohnes erzählt, erzählt sie nur von ihrem Engagement für die Highschool-Karriere ihres Sohnes. Mit keiner Silbe sagt sie, dass ich für eine glorreiche Zukunft meiner Kinder ebenfalls irgendwelche Auslandsaufenthalte organisieren sollte. Trotzdem denke ich darüber nach, ob ich für meine Kinder mehr tun und sie vielleicht animieren sollte, irgendwelche coolen Sprachreisen zu unternehmen.

Die Regieanweisung lautet darum:

> Bring dich gefälligst auch mehr ein für das Wohl deiner Kinder!

Wenn Daniela mir von irgendwelchen tollen Ausflügen erzählt, erzählt sie nur von den tollen Ausflügen. Aber mir fallen all die Ausflüge ein, die ich nicht gemacht habe, aber irgendwann mal machen wollte oder machen wollen sollte.

Weswegen die Erwartungshaltung zu mir sagt:

> Geh mehr raus! Kauf dir Wanderschuhe! Sei kulturell interessiert!

Wenn Daniela berichtet, was sie alles eigenhändig repariert hat, informiert sie mich nur über das, was sie eigenhändig repariert hat. Was ich aber denke, ist, dass ich neulich den Installateur geholt habe wegen eines lächerlichen feuchten Flecks in der Wand der Küchenzeile, der mich in Panik versetzt hatte. Dabei war es gar kein Wasserrohrbruch, sondern nur ein undichter Schlauch der Spülmaschine. Ich bin aber nicht mal auf die Idee gekommen, den Schlauch zu kontrollieren. 70 Euro für den Handwerker ausgegeben. Daniela wäre das nicht passiert. Klare Forderung: *Du müsstest dringend viel mehr selbst machen.*

Und schon hagelt es Imperative:

> Werde auch eine DIY-Queen!
>
> Kauf dir endlich eine vernünftige Bohrmaschine!
>
> Räum den Werkraum auf, der komplett mit altem Kinderspielzeug vollgestellt ist!
>
> Repariere das undichte Dach vom Gartenhaus, durch das es immer reintropft!

Oder putz wenigstens die Fenster, wenn du das andere schon nicht auf die Reihe bekommst!

Meine Regisseurin ist ein ehrgeiziger Aktivitätsfreak. Angesichts der Leistungen anderer springt die Erwartungshaltung sofort an, mir meine Defizite aufzuzählen und mich zu mehr Leistung anzustacheln.

Ab jetzt halte ich dagegen. Ich finde, ich leiste jeden Tag genug. Ich brauche keine zusätzlichen Pflichten. Schon gar nicht, weil jemand anderes viel mehr leistet als ich. Und ich sowieso nur machen würde, um jemand anderen zu beeindrucken.

Ich verbiete mir auch, ein schlechtes Gewissen zu haben, wenn Daniela anruft und von ihrem Programm berichtet. Ohne Frage poppt das schlechte Gewissen immer mal auf. Weil die Regisseurin doch wieder Schilder hochhält, auf denen *Mach mehr, du faule Socke!* oder Ähnliches steht. Aber ich wehre mich aktiv dagegen, indem ich mir bei Danielas Aufzählung ihrer Leistungen denke:

Schön für dich. Mach weiter so. Ich
leg mich so lange aufs Sonnendeck.

Ich lasse mich nicht mehr unter Druck setzen. Kein reflexartiger Konter mehr! Ich bin einfach raus aus dem Wettbewerb. Das ist so entspannend!

Und seit das so ist, habe ich den Eindruck, dass auch Daniela ein bisschen ruhiger geworden ist. Neulich klang bei ihr sogar so etwas wie Überlastung an. Sie jammerte, dass sie ziemlich kaputt wäre und abends ja noch zu einer Schulpflegschaftssitzung gehen müsste. Ich sagte zu ihr: »Lass es doch.«

»Nee, das geht nicht. Das kann ich nicht machen«, hat sie erschrocken erwidert. Ich habe nicht nachgefragt, warum das nicht geht. Ich wollte gar nicht wissen, was die Regisseurin *ihrer* persönlichen Show ihr alles vorschreibt. Es reicht, dass ich mich mit meiner divahaften Regisseurin auseinandersetzen muss.

Neulich hatte Daniela von einer Wand erzählt, die sie eigenhändig verputzt hatte. Sie war der Ansicht, dass das ziemlich einfach geht. Das setzte mir den Floh ins Ohr, mir mal unsere Kellertreppe vorzunehmen, an der ein paar Stellen auszubessern sind. Bevor ich allerdings in den Baumarkt fuhr, scannte ich das Vorhaben mit den drei Fragen:

Für wen mache ich das?

Tut mir das gut?

Will ich beeindrucken oder kann das weg?

Da ich Verputzen immer mal ausprobieren wollte, weil es so einfach wirkt, und es auf der Kellertreppe nicht so schlimm ist, wenn es selbstgemacht aussieht, gab ich mir grünes Licht. Daniela habe ich davon nichts erzählt.

ICH BEEINDRUCKE, ALSO BIN ICH

Beeindrucken ist leicht. Man braucht nur eine 28-Meter-Jacht mit goldenen Wasserhähnen und einen Ankerplatz vor St. Tropez. Oder eine Einladung zur Nobelpreisverleihung. Oder eine Modelfigur in sexy Badekleidung.

Da ich auf die Einladung nach Stockholm noch ebenso warte wie auf meinen Lottogewinn (welcher dauern kann, weil ich gar kein

Lotto spiele) und die Sache mit der Modelfigur einen Tick zu un-realistisch ist (selbst wenn Heidi Klum nun Diversity feiert), fallen diese Art Prestigeobjekte für mich leider flach.

Als normaler Mensch muss ich mich damit begnügen, den nor-malen Weg zu Respekt und Anerkennung auf mich zu nehmen. Da-für gibt es zum Glück haufenweise Möglichkeiten. Man muss sich nur etwas Mühe geben. Und zum Beispiel 100 Jahre alt werden. Wenn man dieses biblische Alter erreicht hat, sind alle weiteren An-strengungen auf einen Schlag überflüssig. Da ist das Alter an sich schon ein Kunststück, das Respekt abverlangt.

Leider fehlen mir auch dazu noch ein paar Jährchen und ich befinde mich darüber hinaus im undankbarsten Alter. Nämlich in dem, in dem man nicht gerne nach dem Alter gefragt wird. Wenn man jung ist, macht es einem nichts aus, über sein Geburtsjahr Aus-kunft zu geben. Und wenn man richtig alt ist, freut man sich sogar über die Frage. Oder posaunt die Zahl der Geburtstage gar unge-fragt heraus. Meine Tante zum Beispiel lässt in jede Unterhaltung mindestens fünfmal einfließen, dass sie ja schon auf die 90 zugeht. Was natürlich eine stramme Leistung ist!

In den mittleren Jahren dagegen ist die Frage nach dem Alter schon fast ein Affront. Freiwillig würde man die Antwort niemals rausrücken. Und wenn man von einer dreisten Person tatsächlich dazu gezwungen wird, ist es fast deren Pflicht, mit Erstaunen zu reagieren und zu sagen: »Das hätte ich aber nicht gedacht, du siehst viel jünger aus.« Wenn das ausbleibt, stürzt man in die Krise. Ganz schnell.

Wenn man also noch nicht richtig alt und auf keinen Fall mehr jung ist, kann man nur noch damit beeindrucken, dass man ja *jung geblieben* ist. Was man nicht nur mit einer entsprechenden Optik

(Marke »gut gehalten«) beweisen kann, sondern auch mit diversen Aktivitäten.

Eisschwimmen zum Beispiel.

Eisschwimmen ist das neue Solarium. Früher ging man in der kalten Jahreszeit auf die Sonnenbank, um mit Urlaubsteint zu punkten. Wer heute was auf sich hält, geht im Winter in irgendeinem trüben Teich planschen und posaunt dann in Gänsehaut und Pudelmütze in den sozialen Netzwerken rum, sich noch nie so lebendig gefühlt zu haben.

Ich finde das toll. Was für coole Leute, die sich gegen die Elemente stemmen und dem wohltemperierten Alltag so eine Hardcoreaktion entgegensetzen! Ich würde das auch gerne machen. Ehrlich, total gerne. Aber leider, leider gibt es hier in der Nähe kein geeignetes Wasservorkommen dafür. Außerdem habe ich auch gar keinen Instagram-Account, wo ich mein frostiges Glück in die Welt tragen könnte.

Ich muss mir wohl was anderes suchen. Irgendwas, was mehr zu mir passt.

Radfahren zum Beispiel.

Damit es auch was hermacht, reicht es natürlich nicht, zum Spaß zur nächsten Eisdiele zu radeln. Da muss man schon mit ein bisschen mehr Ernst an die Sache gehen.

Das habe ich letztens gemacht. Ich habe meinen Vorsatz verwirklicht, mehr Sport zu machen, die Umwelt zu schützen und meinen Kindern ein Vorbild zu sein (Win-win-win-Situation), und bin 14 Kilometer mit dem Rad in die Stadt gefahren. Ich hatte mir vorgestellt, wie ich direkt vor dem Restaurant absteigen und lässig ein paar bewundernde Ausrufe meiner Freundinnen über meine Sportlichkeit an mir abperlen lassen würde und wie happy ich darüber wäre, dass ich keinen Parkplatz suchen musste. Allein beim Gedanken daran war ich schon beeindruckt von mir selbst.

Und dann war auf dem Hinweg eine echte Wind-Wind-Wind-Situation und ich musste richtig strampeln und kam völlig verschwitzt am Restaurant an. Das Gesicht rot, die Haare vom Helm platt gedrückt, und einen guten Parkplatz fürs Fahrrad habe ich auch nicht gefunden, weil jede blöde Straßenlaterne schon besetzt war und die Fahrradständer sowieso. Klarer Fall von:

Kaum macht man mal alles richtig, ist es auch wieder falsch.

Neuland, Vol. 1

Alles schon gesehen, alles schon gehabt? Von wegen. Auch auf dem Sonnendeck gibt es haufenweise Sachen, die man noch nie gemacht hat. Und auch im besten Alter spürt man sie noch: die prickelnde Vorfreude auf das erste Mal. Zum Beispiel beim

Schnäppchen schnappen

Handtücher. Bei mir waren es Handtücher vom Aldi. Zwei Stück für 6,99 Euro. Ja, ich gebe es zu. Ich wollte sie haben. Es gab sie in Anthrazit, Petrol und Beere. Genau die Farben, die ich brauchte. Zu einem Preis, den es sonst nirgends gibt. Und ich wollte es nicht dem Schicksal überlassen, ob ich welche kriege oder nicht. Bei den Solarlampions letztens war ich um elf Uhr viel zu spät dran und es gab keine mehr mit Flamingos drauf. Das sollte mir nicht mehr passieren. Dieses Mal würde ich alles richtig machen. Eine Viertelstunde vor Ladenöffnung kam ich auf dem Parkplatz an. Eine neue Welt tat sich auf. Vor der geschlossenen Tür stand bereits eine Schlange von Frühaufstehern, die mit ihren Einkaufswagen auf Einlass warteten. Es waren ausnahmslos (noch) ältere Leute als ich. Du meine Güte, Discounterschnäppchen schnappen ist wohl voll der Rentner-Sport, dachte ich. Sofort schaltete ich in einen coolen Schlendergang; als ob ich mit dieser peinlichen Gier nach Schnäppchen nichts zu tun hätte. Nahm mir betont langsam meinen Einkaufswagen und schob ihn gemächlich ans Ende der Schlange. Redete mir ein, dass ich nur früh dran war, um meine Einkäufe erledigt zu haben, bevor das Tagwerk wartete. Meine Konkurrenz beachtete ich nicht. So wie alle anderen auch so taten, als wären sie alleine da. Noch acht Minuten bis zur Öffnung. Es kam mir vor wie eine Ewigkeit. Ich musste dran denken, wie ich mal für Karten für U2 angestanden hatte. Und für die Kollektion von Karl Lagerfeld für H&M. Jetzt also Handtücher.

Die Türen gingen auf. Ein Ruck ging durch die Menschen in der Schlange. Alle sprinteten los. Wie bei der Formel 1. Jeder suchte die vermeintlich schnellste Route zu der Reihe mit den Sonderangeboten. Ich versuchte, so entspannt wie möglich schnell zu sein. Stellte mich auf ein Handgemenge ein, das ich mit aller vorhandenen Gelassenheit gewinnen wollte. Ganz klar. Ich erreichte die Tische mit den Handtüchern. Seltsamerweise hatte ich meine Konkurrenz abgeschüttelt. Als ich mich umschaute, erkannte ich auch, warum: Die Leute waren gar nicht wegen der Handtücher hier, sondern wegen eines Gasgrills. Mit der stolzen Miene der Eroberer fuhren sie riesige Kartons mit Beute zur Kasse. Die Anziehungskraft von Frotteeware hatte ich heillos überschätzt. Die Handtücher hatte ich für mich allein. In Sachen Schnäppchen-Sport bin ich ganz offensichtlich blutige Anfängerin. Wenn ich wenigstens erst nach dem Frühstück hingefahren wäre! Natürlich habe ich mir vorgenommen, das nicht noch mal zu machen. Andererseits haben sie nächste Woche so eine coole LED-Lampe …

NEU AUF DER TO-DO-LISTE:

NICHTSTUN

PARTYZONE MIT KOMFORT

Früher ging man einfach Party machen, heute braucht man dafür Traditionen.

Wie die, dass Nikos mich jedes Jahr zu seinem Geburtstag einlädt, wir sehr viel Sekt trinken und uns alte Geschichten erzählen. Je wilder die sind, desto jünger fühlen wir uns dabei. Auch dieses Jahr hat Nikos an unsere Tradition gedacht. Allerdings gibt es eine Planänderung. Er hat mich auf ein Craft-Beer-Festival eingeladen, weil er meinte, dass es an der Zeit wäre, mal etwas Neues zu machen. Ich hab so getan, als ob ich mich darüber freuen würde.

Dabei weiß ich natürlich, dass das nur die halbe Wahrheit ist. Seit Nikos sich einen Lebenstraum erfüllt hat, empfängt er keine Gäste mehr zuhause. Er hat sich nämlich ein weißes Wildledersofa gekauft, von dem er seit den 1990ern geträumt hat. Als er ein solches im Londoner Loft eines Theaterregisseurs entdeckt hatte. Diesen Wunschtraum hatte er bisher nicht verwirklichen können, weil sein bisheriger Lebenstraum den Konsum von sehr vielen Zigaretten und noch mehr Rotwein in Gesellschaft seiner Freunde beinhaltete. Und das nicht nur an seinem Geburtstag!

Jetzt hat Nikos das Rauchen aufgegeben und Fleisch auch und ist Hypochonder geworden. Ich weiß nicht mehr, in welcher Reihenfolge. In letzter Zeit dreht sich bei ihm jedenfalls alles um die Gesundheit. Er schwärmt von Weizenkeimen (frisch eingeflogen aus einer Mühle in Österreich!) und seinem neuen Entsafter, der jede holzige Wurzel in ein köstliches Elixier verwandelt, und von seinen tollen Werten. (Ich traue mich nie nachzufragen, was für Werte er meint, weil ich befürchte, dass es was Medizinisches ist, das mich dazu zwingt, über meine Werte nachzudenken.)

Jedenfalls war er so euphorisch über sein neues gesundes Ich, dass er sich zur Belohnung seinen wahren Lebenstraum – das weiße Sofa – erfüllt hat. Und deswegen muss ich jetzt zu einem Craft-Beer-Festival gehen. »Craft Beer?«, habe ich überrascht gesagt.

»Mag ich doch auch nicht«, hat Nikos fröhlich geantwortet, »aber genau deswegen gehen wir ja dahin.«

Unser Plan ist Folgender: Wir stehen rum und regen uns darüber auf, dass Dörrobst- und Karamellnoten im Bier nichts zu suchen haben. Außerdem machen wir einen Klischee-Test und überprüfen, ob es wirklich eine Symbiose von Craft Beer und Hipsterbärten gibt. Ich hoffe es! Ich bin jetzt schon neugierig darauf, wie der versierte Bartträger mit Schaum im Oberlippengewölle umgeht. Nach ausgiebiger Lästerei werden wir bei einer Kölsch-Verkostung auf das deutsche Reinheitsgebot anstoßen. Was für ein nettes Programm. Und der Beweis, dass ich noch nicht komplett langweilig geworden bin. Ich fühlte mich erleichtert. Wie wenn man feststellt, dass man nach langer Pause immer noch die Fünf-Kilometer-Joggingrunde schafft. Bei dem Wort Festival schwingt automatisch Abenteuer mit. Und das ganz ohne lästige Begleiterscheinungen wie Matschboden und Dixi-Klos und windschiefen Igluzelten voller Schnapsfahnen. Es findet in einer Halle in Bergisch Gladbach statt. »Ein Parkhaus ist gleich nebenan«, hat Nikos erklärt, als hätte er meine Gedanken gelesen. Eine Unternehmung, die sich cool anhört, aber bequem zu erreichen ist. Perfekt! Ich muss gestehen, dass ich auf der Arbeit ein bisschen damit angegeben habe, dass ich zu einem Craft-Beer-Festival gehe. Dabei hätte ich ahnen können, dass mir in letzter Minute was dazwischenkommen würde. Nämlich das dringende Bedürfnis, zuhause zu bleiben.

MORGENMUFFEL AM ABEND

Ich hatte richtig Lust, mit Nikos nach Bergisch Gladbach zu fahren. Wirklich! *Total!* Aber ich habe feststellen müssen, dass eine Unternehmung desto attraktiver ist, je weiter sie entfernt ist.

Ich will sie unbedingt machen.

Bis zu dem Tag, an dem sie stattfindet.

Das ist leider immer am ungünstigsten Tag von allen: heute.

Auf einmal weiß ich gar nicht mehr genau, warum ich eigentlich zugesagt habe. Ich meine, mal im Ernst. *Craft Beer?* Wenn es wenigstens eine Weinverkostung wäre. Oder irgendwas mit Gin. Und sind Männer mit großflächigen Tattoos und gestutzten Bärten wirklich den Aufwand wert? Und dann Bergisch Gladbach! Es kommt mir auf einmal vor wie eine Weltreise. Dazu wird es bestimmt sehr ungemütlich in der zugigen Halle, und es gibt sicher nur Stehtische, und was für Musik wird da eigentlich gespielt? Die Wahrscheinlichkeit, dass mein Musikgeschmack nicht mit dem der (von aromatisierten Biersorten abgestumpften) Veranstalter harmonisiert, ist ziemlich groß.

Die Vorstellungen von dem Abend werden immer mickriger. Will ich wirklich einen ganzen Abend lang Nikos' Ausführungen zu lebensverlängernden Nahrungsmitteln und seiner neuen Bibel *How not to die* lauschen? (Wobei ich mich wieder mit ihm streiten muss, dass das der unseriöseste Buchtitel der Welt ist. Was Nikos nicht einsieht, weil dieser Spitzenplatz bei ihm unangefochten mit *Wie Sie jeden Mann rumkriegen, egal, wie Sie aussehen* besetzt ist.)

Im gleichen Maße, wie das Bild von der Abendgestaltung realistischer wird, werde ich müder. Es ist Freitag. Ich bin um kurz nach sechs aufgestanden. Und kalt und ungemütlich ist es auch draußen.

Ich werde immer grummeliger. Kann man Morgenmuffelei auch abends haben? Auf einmal starre ich sehnsüchtig auf meinen Relaxsessel und denke mir, wie herrlich es wäre, mich mit einer schönen Tasse Kräutertee und dicken Socken unter meine Kuscheldecke zu mümmeln und die neue Staffel *This is us* anzufangen. Oder anders gesagt:

> Das Gras auf meiner Seite ist auf einmal
> so viel grüner als überall anders!

Aber ich werde eine gute Freundin sein und selbstverständlich die Verabredung einhalten. Jetzt noch kurzfristig absagen gilt nicht. Plötzlich klingelt mein Telefon. Es ist Nikos. Ich halte für einen kurzen Moment die Luft an. Was will er? Er wird doch wohl nicht absagen?

Ich meine, früher fand man Leute doof, die im letzten Moment mit einer seichten Ausrede eine Verabredung platzen lassen. Heute kann es sein, dass man Freunde umso mehr liebt, je weniger man mit ihnen unternehmen muss.

Ich hebe ab. Nikos brüllt was von einem Notfall und ich ertappe mich, wie ich denke: Gott sei Dank. (Also, nur kurz natürlich! Nur eine Nanosekunde der Erleichterung.)

Dann frage ich sofort, ob jemand verletzt worden ist. »Und wie!«, schreit Nikos aufgebracht.

Es stellt sich raus, dass er Grünkohl-Acaibeeren-Apfel-Smoothie auf sein weißes Wildledersofa gekleckert hat. »Wie soll ich das denn in die Reinigung bringen?«, japst er. »Wenn es wenigstens Rotwein wäre, könnte ich Salz draufschütten. Aber das ist Superfood! Das gibt auch Superflecken!«

»Sieh es mal so«, tröste ich ihn. »Wenn du es nicht schaffst, wird der Fleck dich immer an den Abend erinnern, an dem du beinahe zu einem Craft-Beer-Festival gegangen wärst.«

Er seufzt. »Tut mir leid. Wir gehen nächstes Jahr, okay?«

Er machte eine Pause und fügte mit bebender Stimme hinzu: »Wenn ich dann noch da bin.«

»Was soll das denn heißen?«, fragte ich verwirrt.

Er schluchzte dramatisch: »Als ich meinen Smoothie getrunken hab, hab ich so ein Zittern bekommen. Sonst hätte ich doch niemals auf mein neues Sofa gekleckert.« Er räusperte sich und hauchte: »Ich muss mich auf Parkinson testen lassen. Oder auf MS.«

»Nikos«, versuchte ich ihn zu beruhigen. »Ehrlich, ich würde auch zittern, wenn ich den ganzen Tag nur Gemüsesaft trinken würde. Iss doch mal ein Mettbrötchen.«

»Du wirst auch immer zynischer«, schnaubte Nikos.

»Danke!«, antwortete ich betont fröhlich, damit er ja nicht auf die Idee kam, weiter Trübsal zu blasen. »Und denk nicht mal daran, dich vor dem Craft-Beer-Festival im nächsten Jahr mit einer tödlichen Krankheit rauszureden.«

Ich habe mir den Termin schon fest im Kalender eingetragen. Und diesmal bin ich sicher, dass es klappen wird. Wenn ein Wort wie Bartwichse wieder en vogue werden konnte, ist alles möglich. Außerdem habe ich ein Jahr Zeit, um mich mental darauf vorzubereiten.

Und jetzt genieße ich den Abend. Wo ich so überraschend nicht vor die Tür muss, ist mir tatsächlich ein bisschen nach Feiern zumute. Mit einem schönen Entspannungstee und meiner Kuscheldecke. Und meinem neuen Wahlspruch: *Wer sich ein Bein ausreißt, kann es nicht mehr hochlegen.*

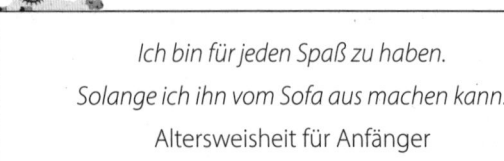

Ich bin für jeden Spaß zu haben.
Solange ich ihn vom Sofa aus machen kann.
Altersweisheit für Anfänger

MÜßIGGANG IST ALLER LEISTUNG ANFANG

Verlockende Freizeitangebote gibt es ohne Ende. Ich könnte einen Gemüsegarten anlegen, Stand-up-Paddeln lernen oder zur Warhol-Ausstellung nach Dresden fahren. Das Leben steckt mehr denn je voller Möglichkeiten. Da die Kinder nun gut alleine zurechtkommen, kann ich endlich alles machen, was ich will!

Seltsam nur, dass ich gar nicht mehr machen will, was ich alles darf. Ich bin sehr zufrieden damit, auch mal gar nichts zu tun. Womit ich jetzt nicht nur das aktive Gammeln auf dem Relaxsessel meine, sondern auch all die kleinen Sachen, die nicht erwähnenswert sind. Weil sie für andere langweilig sind.

Meine Pflanzen betrachten zum Beispiel. Ein bisschen gießen, ein paar vertrocknete Blätter abzupfen. Durch den Garten streifen auf der Suche nach neuen Blüten. Sich freuen über die Wurzeln, die der Ableger schlägt. Ein Brot backen und den Duft genießen. Eine Freundin anrufen. Über einen Zeitungskommentar nachdenken. Alte Fotos auf dem Handy finden und in Erinnerungen schwelgen. Den Stapel ungelesener Bücher kontrollieren, ob er noch hoch genug ist. Eine Lichterkette neu arrangieren. Ein Bild, das schon ewig an der Wand hängt, noch mal ganz genau anschauen. Nach Rezeptideen für Desserts im Glas suchen. Dem Regen lauschen.

Nichtstun kann unglaublich vielfältig und abwechslungsreich sein. Nur
beeindrucken kann man damit niemanden.

Was auch nicht schlimm ist.

Zumindest bis ich jemanden treffe, der mir erzählt, was er zuletzt
für coole Sachen unternommen hat. Von Wanderungen (Eifelsteig,
Etappe 38 – oder war es Etappe 8?), Programmkino, Theater, Über-
nachtungsgästen, spontanen Partys, Erlebnisgastronomie und virtu-
ellen 3D-Minigolf-Kartbahn-Escaperooms. Spätestens dann fängt es
an, dass sich das eigene Schlaffiprogramm seltsam anfühlt. Stehe ich
so einem unternehmungslustigen Menschen gegenüber, zögere ich
aus irgendeinem Grund, geradeheraus zu schmettern: »Wir haben
am Wochenende gar nichts gemacht!« Oder: »Wir haben die neue
Serie angefangen.« (Außer bei Anja. Wir liegen da voll auf einer So-
falänge. Meine Knoblauchbrot-Deckenberg-Schwester!)

Nein, die Regisseurin ist der Meinung, ich müsste ebenfalls was
Interessantes zu bieten haben, müsste auch in meiner Freizeit *perfor-
men*, Leistungen im Privatleben vorweisen.

Müßiggang hat eine schlechte Lobby und wird von vielen Leuten
gefürchtet wie ein juckender Hautausschlag. Viele denken bei dem
Wort Müßiggang nämlich sofort an Langweile. An Zeit, die sich wie
Kaugummi zieht. Klar, in meiner Kindheit fand ich das auch furchtbar. In der 3-Fernsehprogramme Steinzeit war die Langeweile das
Schreckgespenst des Sonntags. Wenn es ganz furchtbar wurde, habe
ich ein Bastelbuch hervorgeholt. Es hieß: *Was bastele ich heute?* Da
hat ein Mädchen ganz tolle Sachen hergestellt, Igel aus Cordstoff,
Kresseköpfe aus Ton, Mobilés aus Kleiderhaken und Püppchen aus
alten Papprollen und Pfeifenreinigern. Das Blöde war nur, dass mir
für die Hälfte der Anleitungen irgendwelche entscheidenden Uten-

silien fehlten. Und wenn ich für eine Sache tatsächlich alles beisammen und geklebt und geschnitten und geschnürt hatte, sahen die Ergebnisse kein bisschen so aus wie auf den Bildern. Dann war mir nicht nur langweilig, ich war auch enttäuscht und wütend.

Später kam die Phase, in der ich mir Sorgen machte, als langweilig zu gelten. Das Gegenteil von langweilig zu sein, gehörte in der Schule zur Überlebensstrategie. Natürlich waren die am beliebtesten, bei denen was los war. Die coole und verrückte Dinge machten, lustige Aktionen und Partys. Mit denen wollte man befreundet sein! Und nicht mit den Nerds, die schon im Bus das aufgeschlagene Chemiebuch auf dem Schoß liegen hatten und keinen einzigen Insiderwitz kannten. Mit der ständigen Gefahr des Martyriums des Außenseitertums konfrontiert, hätte der eine oder andere wohl lieber mit einem Säbelzahntiger gekämpft, als keine Freunde zu haben. Langweilig sein konnte man sich keinesfalls leisten, wenn man dazugehören wollte.

Das fühlt sich heute immer noch so an. Deswegen fällt es mir so schwer, einfach zuzugeben, dass ich nichts gemacht habe. In Gesprächen mit betriebsamen Zeitgenossen bausche ich dann gerne mal häusliche Projekte auf. Plötzlich höre ich mich Sachen sagen wie: »endlich mal die Garage (wahlweise Keller oder Dachboden) aufgeräumt« (auch wenn ich nur einen Karton entsorgt habe) oder »Garten beackert, neues Beet angelegt und dieses Jahr endlich mal eigener Salat« (auch wenn ich nur ein paar Samen in den leeren Kübel geharkt habe). Um gleich anzuschließen, welche Aktivitäten demnächst anstehen (Geburtstag des Schwagers, Spaziergang mit einer Freundin, Rainald Grebe in der Philharmonie irgendwann und etwas später der Weltraumflug mit Elon Musk).

Ich finde es schade, dass Müßiggang so ein schlechtes Image hat. Das hält einen nämlich davon ab, stolz rauszuposaunen, dass man gar nichts gemacht hat. Ich glaub, ich werde Müßiggang-Lobbyistin und propagiere überall, wie aufregend er sein kann. Motto: Für die Faultiermomente im Leben.

Mal ehrlich – unser bisheriges Leben haben wir der To-do-Liste gewidmet. Auf der wir akribisch sämtliche unlustigen Pflichten notiert haben, die auf uns warten. Diese To-do-Liste haben wir gewissenhaft abgearbeitet, hingebungsvoll gepflegt, nie aus den Augen verloren und ständig erweitert. Ich finde, das reicht. Jetzt wird es Zeit für die *To-don't-Liste!* Darauf kommt alles, was man bisher nur aus Pflichtbewusstsein und Gewohnheit gemacht hat, was aber auf dem Sonnendeck nur unnötiger Ballast ist.

Auf meine To-don't-Liste schreibe ich als Erstes:
To-do-Listen führen, auf der nur unlustige Sachen stehen
Meinen Spaß am Nichtstun verheimlichen

RISIKEN UND NEBENWIRKUNGEN DES VERGLEICHENS

DIE INTELLIGENZ
DER GÄNSEBLÜMCHEN

*Eine Blume denkt nicht darüber nach, ob sie mit den anderen
Blumen mithalten kann. Sie blüht einfach!*

Diesen Spruch habe ich im Internet gefunden. Er hat mich direkt
begeistert. Im nächsten Leben werde ich ein Gänseblümchen!

Denn der Mensch neigt leider dazu, sich mit anderen zu vergleichen. Und zwar ständig.

Vergleichen kann positive Effekte haben. Durch den Vergleich mit
anderen können wir uns einschätzen und Dinge lernen. Von Leuten,
die geschickter sind, können wir uns Tricks und Kniffe abgucken.
Von Leuten, die erfolgreicher sind, können wir uns Motivation holen, uns mehr anzustrengen. Auch der Vergleich mit Menschen, die
Sachen vermeintlich schlechter machen als wir, die weniger erfolgreich sind, kann sich positiv auswirken. Wenn der Vergleich dazu
führt, dass wir uns besser fühlen und weiter motiviert sind, Sachen
gut zu machen.

Vergleichen kann auch das Zusammengehörigkeitsgefühl stärken.
Wenn ich, in einer Gesprächsrunde zum Beispiel, eine Unsicherheit
bei jemandem bemerke (durch brüchige Stimme, wenig selbstbe-
wusstes Auftreten, Rotwerden etc.), ist mir die Person sofort sympathisch, weil ich diese Unsicherheiten auch kenne.

Vergleichen ist also nicht unbedingt etwas Schlechtes.

Problematisch wird es allerdings, wenn wir uns mit Leuten vergleichen, die in einer anderen Liga spielen. Wenn sich ein Kreisli-

gakicker mit Joshua Kimmich vergleicht, wird er vermutlich seines Spielerlebens nicht mehr froh, weil ihm niemals solche Pässe gelingen werden. Wenn ich meine Intelligenz mit der der Nobelpreisträgerin Emmanuelle Charpentier vergleichen würde, könnte ich ziemlich schlecht abschneiden. Ich werde auch niemals so wagemutig sein wie Jasmine Harrison, die allein im Ruderboot den Atlantik überquert hat, oder so beliebt wie Mary Poppins. Deswegen komme ich auch nicht auf die Idee, mich mit solchen Frauen in einen Topf zu werfen.

Auch das Vergleichen im eigenen Umfeld, in unserer Peergroup, kann anstrengen und unnötig Energie verbrauchen. Weil es auch dort immer jemanden gibt, der mehr Geld und weniger Besenreiser hat, der besser kochen, malen, Reden halten oder Gehälter verhandeln kann. Was das, was ich habe, nicht weniger wertvoll macht! Ich habe nicht mehr graue Haare oder Falten, nur weil jemand anderes weniger hat.

Welche Fähigkeiten und Talente und Erfolge auch immer andere haben, ändert nichts an dem, was ich kann oder habe oder gerne tue. Solange ich jedoch mit Vergleichen beschäftigt bin, kann ich nicht glücklich werden.

Es ist total okay, sich abzugucken, wie man den Liegestuhl aufbaut. Aber spätestens, wenn ich mich daraufgesetzt habe, ist es kontraproduktiv zu beobachten, was die anderen machen. Ob sie die Augen geschlossen oder die Beine übereinandergeschlagen haben, ob sie sich zudecken oder im Badeanzug chillen, ob sie lesen, Musik hören oder schlafen – das ist für mein Wohlbefinden völlig egal. Aber eines ist ganz klar: Solange ich mich damit beschäftige, was andere tun, kann ich mich nicht auf mich konzentrieren. So lange ist Entspannung unmöglich.

Sich zu vergleichen kann man nicht einfach abstellen. Es liegt in der Natur des Menschen. Was man aber abstellen kann, ist: vergleichen und sich damit schlecht fühlen. (Neu auf meiner To-don't-Liste!)

GLÜCK IST, NICHT MEHR MITHALTEN ZU MÜSSEN

Eine kleine Differenz im Leistungsvermögen macht auf längeren Strecken einen großen Unterschied. Wenn wir versuchen, mit jemandem mitzuhalten, der nur ein bisschen außerhalb unserer eigenen Möglichkeiten unterwegs ist, wird es auf Dauer stressig.

Vielleicht schaffen wir es eine Weile, genauso umtriebig, produktiv, belesen, erfolgreich, kulturell interessiert, gesellig, abenteuerlustig zu sein. Aber wenn das Tempo nicht zum eigenen Leben passt, überfordern wir uns. Wir neigen dazu, mithalten zu wollen, wenn jemand schneller läuft. Doch das bedeutet Stress. Man keucht noch eine Weile hechelnd nebenher, aber nach wenigen Kilometern geht einem die Puste aus. Luftschnappend muss man stehen bleiben und dem anderen hinterherschauen. Zurück bleiben Seitenstechen und ein Gefühl der Niederlage.

Sein eigenes Tempo zu finden, ist entscheidend dafür, dass wir gut durchhalten und bis zum Ende Spaß haben. Das gilt für das ganze Leben. Wenn jemand vorlaufen will oder kann, soll er das tun. Wenn jemand langsamer ist, wartet man oder auch nicht.

Ich muss weder mir noch sonst jemandem beweisen, dass ich es draufhabe.

Das ist doch das Tolle auf dem Sonnendeck:
Die Konkurrenz schläft schon.

PLÖTZLICH AUSSER KONKURRENZ

Auf dem Sonnendeck gibt es Momente, in denen man ganz plötzlich feststellt, dass man in einer Disziplin, in der man bisher mitgespielt hat, disqualifiziert worden ist. Weil man die ungeschriebenen Anforderungen für den Wettbewerb nicht mehr erfüllt.

Das merkt man zum Beispiel, wenn man komplett aufgebrezelt an die Bar geht und mit einem Fuffi wedeln muss, um vom Barkeeper bemerkt zu werden.

Oder wenn man bei Trends nicht mehr mitreden kann, weil man weder die Namen der heißesten Stars kennt (Noah Schnapp, Rudy Pankow) noch die der angesagten Frisuren (Blunt Bob, Glass Hair, Buzz Cut, Bro Flow) noch die aktuellen Jeansmodelle (cropped, skinny, mom-fit, mottled-black, slim, high ankle).

Oder weil man als Spielpartner einfach nicht mehr ernstgenommen wird.

Redaktionssitzung, Montagmorgen.

Ich wartete im Konferenzraum auf die anderen und googelte zum Spaß Multifokallinsen. Die kann man sich von geschulten Chirurgen ins Auge einbauen lassen, um trotz Kurz- und Weitsichtigkeit im Schummerlicht sehen zu können wie ein Luchs. Mein Kollege Dirk war auch schon da und wischte auf seinem Smartphone herum. Seit einiger Zeit trug er keine Krawatten mehr und ließ dafür die oberen Hemdknöpfe offen. Vielleicht, um vom schütter werdenden Haar abzulenken.

Laute Stimmen kündigten unsere jüngsten Redaktionsmitglieder an. Dirk fing an, lässig auf den Hinterbeinen des Stuhls zu kippeln.

»… ins Taxi gereihert *und* seine Jacke im Luxor vergessen«, rief Ali, freier Mitarbeiter, Mitte 20, beim Reingehen. Finn, unser Volontär, schüttelte lachend den Kopf.

»Ahh, das Luxor«, grätschte Dirk dazwischen und ließ seinen Stuhl mit Schwung wieder auf seine vier Beine fallen. Dann gab er die Geschichte zum Besten, wie er das Konzert von Oasis dort gesehen hatte und irgendwann Liam Gallagher neben ihm am Pissoir gestanden hätte, Dirk es aber nicht gerafft hatte, weil er so hackedicht war. Er wartete auf eine Reaktion.

»Wann war das noch mal?«, wollte Finn wissen.

»1994«, warf Dirk selbstgefällig ein. Er hätte genauso gut Pleistozän sagen können. Finn gähnte und Ali wandte sich seinem Smartphone zu. Dirk war nicht zufrieden. »Und am Samstag war ich bei einer Whisky-Verkostung«, prahlte er und garnierte seine Geschichte mit allerhand selbstgefälligen Lachern. „Ey, was war ich besoffen, Digga.«

Finn und Ali guckten nach wie vor unbeeindruckt und fingen ein Gespräch über einen TikTok-Trend an. Dirks Kiefermuskulatur mahlte.

Es scheint, als wäre man für den Wer-hatte-das-wildeste-Wochen-ende-Wettbewerb und den Saufgeschichten-Contest automatisch nicht mehr zugelassen, wenn man die 40 überschritten hat.

Ich war froh, dass das eine Disziplin war, in der ich sowieso keine Ambitionen mehr hatte. Als Anja und ich uns gegenseitig von unserem Wochenende berichtet hatten, waren die erwähnenswerten Unternehmungen »Pasta selbst gemacht« und »Spaziergang im Kottenforst«.

Dirk rächte sich in der Konferenz, als es eine Story zu vergeben gab über eine Ausstellung zu Poesiealben. Dirk deutete auf Finn und Ali und schlug vor: »Das wäre doch was für unseren Nachwuchs.«

Die Chefin nickte. Im Hinausgehen hörte ich Finn sein Handy fragen: »Hey Siri, was ist ein Poesiealbum?«

Ich musste ein bisschen lachen. In manchen Wettbewerben läuft eben auch die Jugend außer Konkurrenz mit.

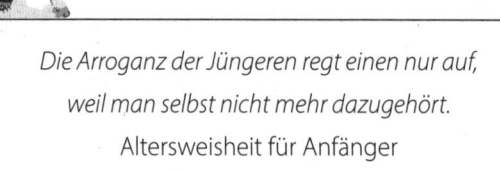

> *Die Arroganz der Jüngeren regt einen nur auf,*
> *weil man selbst nicht mehr dazugehört.*
> Altersweisheit für Anfänger

ICH SCHMEIß ALLES HIN.
UND HEB DAS KONFETTI AUCH NICHT AUF.

Vor zwei Jahren haben wir neue Nachbarn bekommen. Gegenüber von uns ist Dilara mit Mann und drei Kindern eingezogen. Dilara war mir gleich sympathisch, weil sie auch keine Ahnung hat, wie man Rosen fachgerecht schneidet, und ihren alten VW Polo ebenfalls nur vom Regen waschen lässt und er bereits Moos ansetzt wie mein Opel. (Unsere Kinder lästern darüber und wir kontern mit dem Spruch *Ohne Moos nix los!*, was uns beide zum Lachen bringt.) Wir pflegen eine gute Nachbarschaft und eine lose Freundschaft, und das ist super. Nachbarn, die man darum bitten kann, mal die Mülltonnen rauszustellen oder den Briefkasten zu leeren, sind sehr wichtig. (Auch eine Erkenntnis der zweiten Lebenshälfte!)

Heute traf ich Dilara auf der Straße. Sie war gestresst. Der zwölfte Geburtstag ihrer ältesten Tochter Lilli steht an und Dilara berichtete mir von ihren Plänen. Als Erstes zählte sie mir die Ideen auf, die sie aus irgendwelchen Gründen verworfen hat. Da war irgendwas mit Alpakas (wegen Allergiegefahr ausgeschlossen) und Trampolinpark (ohne eigenen Rettungssanitäter zu gefährlich) und Indianer-Schnitzeljagd (politisch nicht mehr korrekt).

Ich dachte über den erstaunlichen Wandel vom Kindergeburtstag zum Event nach. Früher hieß es: Stopp-Essen, Topfschlagen, Eierlaufen, fertig. Heute muss es mindestens eine Mottoparty sein, Piraten, Einhörner, Weltall, wenn nicht sowieso Laser Tag oder Phantasialand oder Ponyhof. Ich lauschte also Dilaras Großereignisplanung, die sich nach langer Entscheidungsfindung um das Motto *Halloween im Mai* drehte.

»Oh Gott«, entfuhr es mir, denn Halloween ist organisationstechnisch ganz weit im roten Bereich. Allein die Deko mit Spinnweben und Skeletten und Kürbissen ist megaaufwändig. Aber das Schlimmste ist das Grusel-Büfett! Dilara plante Gespenster-Muffins und Spinnen-Frikadellen und Mumienfinger-Würstchen und Frischkäse-Cracker-Kakerlaken und Gehirn-Pudding. Außerdem hatte sie einen detaillierten Partyplan gemacht, beziehungsweise zwei – je nach Wetter –, und alle zehn Gäste würden anschließend bei ihnen zu Hause übernachten und im Wohnzimmer ein riesiges Bettenlager aufschlagen.

Das schlechte Gewissen flammte in mir auf, weil ich bei Übernachtungspartys immer die Grenze von fünf Gästen angesetzt hatte.

Dilara redete derweil über die Give-away-Tütchen. Auch so ein Konzept, das ich nie kapiert habe. Wieso werden Gäste dafür beschenkt, dass man sie eingeladen und verköstigt und ihnen eine tolle Party beschert hat? Dilara berichtete, dass ihre Gastgeschenke aus Halloween-Süßigkeiten und einem Bilderrahmen mit einem

Schnappschuss von jedem im Kostüm bestehen. »Meinst du, das gefällt allen?«, fragte sie zweifelnd.

»Aber klar! Ich meine, das ist doch genial.« Ich fügte seufzend hinzu: »Bei mir gab es das nie. Ich hab immer versucht, es mir einfach zu machen.«

»Du hast es gut«, stöhnte sie.

»Was? Nein. Ich bin offensichtlich eine miese Mutter. Oder zumindest eine miese Gastgeberin.«

Sie widersprach nicht, was wiederum den ungeschriebenen Gesetzen weiblicher Kommunikation widersprach. Aber ich verzieh ihr, weil sie so im Stress war. »Ich wünschte, ich könnte es mir auch einfach machen«, seufzte Dilara.

Ich hatte mittlerweile Übung darin, meiner Regisseurin zu widersprechen. Deswegen sagte ich: »Äh, das kannst du.«

»Nein«, rief Dilara aufgebracht. »Kann ich nicht.«

Und dann stellte sich raus, dass sie gar nicht wegen Lilli so einen Aufwand machte, sondern aus Angst, VOR DEN ANDEREN MÜTTERN schlecht dazustehen! Sie meinte, die anderen hätten sich ja auch so eine Mühe gemacht. Bei Lola gab es Ponys und bei Anastasia hat eine professionelle Make-up-Artistin geschminkt und ein richtiger Fotograf die Modenschau fotografiert. Und wenn Dilara jetzt keine super ausgefeilte Partyplanung hätte, wären die anderen Mütter doch enttäuscht.

»Das ist ja der Wahnsinn«, sagte ich und überlegte. »Vielleicht geht es den anderen Müttern aber genau wie dir. Vielleicht wären sie froh, wenn du es dir einfach machst, weil sie es sich dann auch einfach machen dürften. Ich meine, das ist ja sonst ein Teufelskreis!«

»Hm«, meinte Dilara verblüfft. »Da könnte was dran sein.«

MIT SCHLECHTEM BEISPIEL VORAN!

Von klein auf wird Kindern eingetrichtert, dass sie sich ein gutes Beispiel nehmen sollen.

»Guck mal, die Susanne kann schon ohne Stützräder Rad fahren. Was sie kann, kannst du auch!«

Oder: »Schau doch, wie schön Konrad mit dem Füller schreibt. Mach es wie er!«

Oder: »Du bist furchtbar frech, nimm dir deine Schwester zum Vorbild, sie ist so lieb!«

Später suchen wir uns selbst unsere Idole, denen wir nacheifern.

»Sandra kann Spagat, das will ich auch können.«

»Ich hätte gerne die Frisur wie Lady Di oder Jennifer Aniston oder Gwen Stefani.«

»Carsten hat schon den Führerschein, es wird höchste Zeit für mich.«

Gute Vorbilder begleiten uns unser ganzes Leben und sie beeindrucken und beeinflussen uns in jeder erdenklichen Weise:

Rolf baut sein eigenes Gemüse an, benutzt nur Regenwasser zum Toilettenspülen und fährt zum Einkaufen mit dem Lastenfahrrad. Toll, finde ich und denke sofort, ich müsste auch mehr für die Umwelt tun.

Oder: Iris läuft Marathon. Was einen dazu bewegt zu sagen: Ich sollte auch mal wieder mit Joggen anfangen!

Irgendwie kommt niemand auf die Idee zu sagen: »Boah, die Karolin ist so eine faule Sau, die bewegt sich in ihrer Freizeit kein Stück. Ich glaub, ich muss auch mehr auf dem Sofa abhängen!«

Schade eigentlich.

Das stelle ich mir ziemlich entspannend vor.

Dann wäre die Spirale zu »höher, schneller, besser« unterbrochen.

Die Maßstäbe könnten sich wieder regulieren und die Mittelmäßigkeit zu neuem Glanz erstrahlen. Ich jedenfalls habe für mich beschlossen: Mittelmäßigkeit ist die neue Großartigkeit.

Und ich finde, das wäre eine sinnvolle Ergänzung für die To-don't-Liste: Sich immer nur gute Beispiele nehmen.

Viel entspannender ist es, sich ab und zu auch mal ein schlechtes Beispiel zu nehmen. Oder selbst eines zu sein.

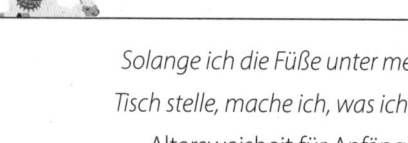

Solange ich die Füße unter meinen
Tisch stelle, mache ich, was ich sage.
Altersweisheit für Anfänger

Bekenntnisse einer uncoolen Frau in den besten Jahren, Wendepünktchen 2

24. August

Ich kam gerade nach Hause, als der Nachbar ein Fass Bier in seine Garage gerollt hat. Hab direkt meinen Vorrat an Ohropax gecheckt.

25. August

Der Nachbar hat tatsächlich gefeiert. Ohropax habe ich aber nicht gebraucht. Wir haben die Chance genutzt, selbst über die Stränge zu schlagen. Wir haben die Musik laut aufgedreht und den Barschrank geöffnet. Früher hieß es Hartalk, heute sind es Spirituosen. Auch die Nachwehen sind edler. Mein Hirn fühlt sich an wie mit Stahlwolle überzogen. In den besten Jahren fallen viele Dinge leichter. Einen Kater bekommen zum Beispiel. Den gibt es im Sonderangebot. Einen trinken, doppelt bezahlen.

31. August

Hab einen alten Bekannten getroffen. Einen selbstverliebten Angeber, den ich noch nie leiden konnte. Erstaunlicherweise hat er mir ein Kompliment gemacht. Er hat gesagt: »Du siehst gut aus. Für dein Alter.«
Beinahe hätte ich geantwortet: »Du bist nett. Für einen Arsch.«
Hab ich natürlich nicht. Auf dem Sonnendeck freut man sich über jedes Kompliment.

2. September

Stelle fest, die Zahl der Unterhaltungen über Haushaltsgeräte nimmt proportional zur Zahl der Falten zu. Hab mit Anja lange über Saugroboter, Elektropolsterbürsten und Gemüsehobel gesprochen. Seit ich mir den Fenstersauger gekauft hab, bin ich auf den Geschmack gekommen.

Anja und ich sind uns einig, dass es wahnsinnig viele praktische Haushaltsgeräte gibt. »Aber das Beste ist mein neuer VB100«, verkündete Anja schließlich.

»Hast du deinen Mazda nicht mehr?«, fragte ich verwirrt.

Sie lachte. »Ich meine den Kobold. Mit dem SPB100-Aufsatz.«

Ich war immer noch nicht im Bilde. Bis sie mir erklärte, dass es sich um eine akkubetriebene Saug-Wisch-Maschine handelt. Anja hat so geschwärmt. Ich ziehe in Erwägung, mir auch so ein Gerät zuzulegen.

2. September, später

Anja hat sich gerade noch mal gemeldet. Ihre Triumphnachricht war, dass sie uns einen netten Frauenabend mit Produktvorführung organisiert hat.

»Du meinst, wie damals der Tupperabend?«, fragte ich alarmiert und überlegte, wie viele Rührschüsseln und Silikonbackformen und Käsedosen ich seit diesem Abend noch originalverpackt im Keller stehen hab.

»Genau«, rief Anja und schwärmte. »Das wird super! Und Prosecco gibt es auch.«

Das befürchte ich.

Ich hoffe, niemand erinnert sich mehr daran, dass ich mal gesagt habe, wenn ich mir jemals einen Thermomix kaufe, erschieß ich mich.

9. September

Hab meine Inlineskates aus dem Keller geholt. Nicole will mit mir eine Runde drehen. Ich war bestimmt 30 Jahre nicht mehr inlineskaten! Wahnsinn. Dabei ist es so ein eleganter Sport und auch gut für die Figur. Wird Zeit für einen Jugend-Flashback.

9. September, später

Flashbacks werde ich sicher auch von diesem Ausflug bekommen. Auf schmalen Rollen zu stehen war früher leichter gewesen. Aber ich ja auch. Nicole drehte schon ihre Runden, während ich die Inliner festzurrte. Von meinen Kindern hatte ich mir die Schutzausrüstung geliehen. Knieschoner, Handgelenksschoner. Natürlich trug ich auch meinen Fahrradhelm. Ich kam mir vor wie ein Transformer. Meine Bewegungen waren ebenso ruckartig. In meiner Erinnerung war ich geschmeidig über den Asphalt geglitten, konnte rückwärtsfahren und formvollendete Kurven drehen. Jetzt wackelte ich x-beinig mit ausgebreiteten Armen auf Nicole zu. Sie lachte. »Das wird gleich besser«, machte sie mir Mut. Ich holperte ihr über die verkehrsberuhigte Buckelpiste hinterher. Um die Ecke fängt ein Radweg an. Davor ist die Straße ein bisschen abschüssig. So hatte ich es zumindest gedacht. Auf Inlinern entpuppte es sich als steiler Berg. Ich kam mir vor wie auf der Streif und beschleunigte auch wie eine Skirennläuferin. Kraft ist Masse mal Beschleunigung, schoss es mir panisch durch den Kopf. Und wenn ich anfange, in physikalischen Formeln zu denken, ist sowieso alles zu spät. Ich sauste an der verdutzten Nicole vorbei und auf eine Straßenlaterne zu. Im letzten Moment schaffte ich mit einem gewagten Toeloop und einer geschickten Umklammerung die Notbremse. Keuchend blieb ich in sicherer Umarmung der Laterne stehen. Ein kleines Mädchen auf dem Fahrrad kam vorbei und fragte ihren Vater: »Was macht die Frau da?« Ich bin sicher, der Vater hätte vernünftig geantwortet, wenn er nicht gerade in einem Lachanfall verheddert gewesen wäre.

17. September

Hab die Inliner aussortiert. Aber mir Rollerskates gekauft. Vier Rollen halten mehr als zwei. Außerdem haben die mehr Glitzer. Wenn ich schon nicht glänzen kann, dann wenigstens meine Ausrüstung.

IM FLUGMODUS ZUM GLÜCK

VON MANCHEN PLATTFORMEN HAT
MAN KEINE GUTE AUSSICHT

Es ist so praktisch, wenn man zum Quatschen und Kaffeetrinken nur die Straße überqueren muss.

Je kürzer der Weg, desto größer die Spontaneität!

Deswegen habe ich sofort zugesagt, als Dilara mich einlud, den neuen modernen Retro-Picknickkorb einzuweihen. Tolle Idee! Besonders, da mein Alternativprogramm Unkraut aus den Ritzen der Einfahrt kratzen gewesen wäre (da ich noch recherchieren muss, welches Abflammgerät ich nun kaufen soll).

Wir sind also runter zum Rhein und haben uns einen Platz am Strand gesucht. Dilaras jüngere Kinder Emina (5 Jahre) und Nevo (8 Jahre) waren dabei und haben gebuddelt und Steine geschmissen. Es war sehr gemütlich. Dilara hatte alles hübsch aufgebaut: eine karierte Decke, eine Schale Erdbeeren, Sandwiches, Muffins, Saft und eine Flasche eisgekühlter Sekt mit richtigen Gläsern. Ich kam mir vor wie in einer Ausgabe von *Landlust*. Die Kinder liefen am Ufer entlang auf der Suche nach Flitschesteinen, Dilara schenkte uns ein und hob ihr Glas. Auf einmal war ich sehr froh, vom Schicksal so eine nette Nachbarin geschenkt bekommen zu haben. Eine Welle der Zuneigung erfasste mich und ich wollte gerade einen rührseligen Trinkspruch bringen, da rief sie: »Stopp!« Sie fotografierte unsere Gläser im Gegenlicht, weil das Kondenswasser so schön perlte. Ich hielt also mein Glas wie einen Pokal in die Höhe und befolgte ihre Anweisungen. »Bisschen tiefer. Noch was nach rechts.«

»Sollen wir nicht schon mal trinken?«, fragte ich.

»Auf keinen Fall«, kommandierte Dilara mit Blick auf ihr Display, »dann hat man Lippenabdrücke auf den Gläsern, das versaut das ganze Bild.«

Sie knipste, aber da war ein Schiff halb im Bild, und wir mussten warten, bis das Schiff weg war. Dann funkelten die Sonnenstrahlen nicht genug, meine Hand sollte gedreht werden, dann war es unscharf. Gefühlte 238 Fotos später war sie schließlich zufrieden mit Motiv Nr. 1 und ich durfte einen Schluck nehmen. Die leckeren Esssachen blieben Dekoration, weil sie die Picknickdecke samt Korb noch von allen Seiten fotografieren musste. Sie erzählte nebenbei, der Korb wäre ein Geschenk von ihren Freundinnen in Berlin gewesen und sie wolle auf ihrem Instagram-Account zeigen, dass sie ihn auch benutzt. Endlich waren die Erdbeeren freigegeben. Ich dachte, wir könnten zum gemütlichen Teil übergehen und sie würde mir den neuesten Klatsch aus der Grundschule erzählen.

Da aber sprang sie auf und fotografierte ihre Kinder für die Patentante in Sarajevo, wobei sie Anweisungen gab wie Heidi Klum bei ihren Meeedchen. Wenn ich nicht den Sekt gehabt hätte, wäre mir wirklich total langweilig gewesen. Als sie sich schließlich auf die Picknickdecke hockte und die Ergebnisse ihrer Fotosession checkte und bei Instagram hochlud, war ich kurz davor, sie zu fragen, für wen wir das Picknick hier eigentlich machen. Für uns, die hier sind, oder für ihre 148 Freunde irgendwo da draußen? Aber in dem Moment sah ich, dass Emina zu weit ins Wasser gewatet war und ein Schiff kam, das einen ziemlichen Sog auslösen kann. Ich sprang auf und schnappte das erschrockene Mädchen gerade noch am Schlafittchen, bevor sie ins Wasser rutschte. Dilara war so geschockt, dass sie ganz bleich wurde. Risiken und Nebenwirkungen von Social Media.

TÖDLICHES IMPONIERVERHALTEN

Ich las in der Zeitung, dass eine Frau mit ihrem Auto auf einem vereisten See eingebrochen war. Sie konnte sich aus dem Fenster aufs Autodach retten. Anstatt sich von da aus in Sicherheit zu bringen, hat sie erstmal Selfies gemacht. Sie wurde zwar gerettet, aber die Sache war knapp.

Es gibt Statistiken, die sagen, jede Woche stirbt irgendwo auf der Welt ein Mensch *an einem Selfie*. Wer sich beim Fotografieren vor Wahnsinnskulisse nur auf seine 198 Follower konzentriert, übersieht schnell, was jetzt und hier gerade passiert: dass der Abgrund nur noch Zentimeter entfernt ist, sich eine Riesenwelle auftürmt, der Löwe doch wach geworden ist. Tödliches Imponierverhalten der 2020er!

Besonders die Social-Media-Profile verführen dazu, verfügbar zu sein und andere an seinem Alltag teilhaben zu lassen. Dabei geht es nicht nur um spektakuläre Selfies an Felskanten oder auf stürmischen Hafenmauern.

Das Privatleben vorzuführen ist zum Geschäftsmodell geworden. Die Inszenierung vom großen und kleinen Glück in den sozialen Medien zu einer Möglichkeit zu beeindrucken – und zwar für jedermann. Ob man einen Porsche vorführt, die ersten Schritte des Babys, einen fulminanten Streckenrekord beim Halbmarathon, die neuen lustigen Socken, das Paket vom Bücherantiquariat oder die frisch gebackenen Sonntagsbrötchen – alles wird zum Event, mit dem man Aufmerksamkeit erlangen möchte.

Beeindrucken ist so leicht geworden.

Früher musste man abends in die Kneipe gehen, um am Tresen von seinen Erlebnissen und Erfolgen zu erzählen. Heute reicht ein Klick und die ganze Welt kann sehen, was man Tolles macht. Das führt zu einer Art Daueralarmzustand, in dem man bei jeder Situation überlegt, ob sie es wert ist, gepostet zu werden. Oder man sogar auf die Suche geht nach Bildern und Ereignissen, die man in die Welt hinaustragen kann. Damit ist man mit seinen Gedanken aber automatisch bei anderen. Und nicht bei sich selbst.

EMOTIONALER EXHIBITIONISMUS

Wissenschaftliche Untersuchungen belegen, dass man sich nach längerem Konsum von sozialen Medien schlechter fühlt als vorher. Besonders Instagram wirkt sich sehr ungünstig auf das psychische Wohlbefinden aus.[*] Was nachvollziehbar ist, weil man dort mit Tausenden von Bildern konfrontiert wird von glücklichen, schönen, gestylten Menschen in toller Umgebung. Diese Hochglanz-Lebensentwürfe lassen das eigene Dasein langweilig erscheinen und das eigene Aussehen weniger attraktiv. Die Unzufriedenheit steigt. Und trotzdem schaut man weiter. Forscher haben dem Drang, ständig auf den sozialen Medien unterwegs zu sein, auch schon einen Namen gegeben: FOMO. *Fear of Missing out.* Die Angst, etwas zu verpassen. Sich dieser Angst zu entziehen, ist schwie-

---

[*] Zum Beispiel Katharina Wilhelm, Tagesschau vom 16.9.2021: »Instagram schadet jungen Mädchen«
Oder eine Studie der *Royal Society of Health*, nachzulesen unter: https://www.rsph.org.uk/about-us/news/instagram-ranked-worst-for-young-people-s-mental-health.html

rig. Dafür gibt es einfach zu viele interessante Hashtags und Bilder und Meinungen! Außerdem wird man verführt, auch selbst die riesige Beeindruckungsmaschine zu füttern. Um mithalten zu können und zu beweisen, hey, ich habe aber auch ein tolles Leben.

Es gibt haufenweise Fotos von Sonnenuntergängen an allen Orten der Welt. Leute genießen den anbrechenden Abend in der Hängematte oder am Strand oder auf einem Berg und schreiben dazu, wie gut es ihnen geht. Oh, wie schön, denke ich bei solchen Bildern. Da wäre ich jetzt auch gerne. Toll, dass diese Leute so was erleben.

Und als ich neulich abends unterwegs war, neigte sich die Sonne orange-blau dem Horizont zu und sandte goldene Strahlen über ein Feld und – um das mal ein bisschen pathetisch auszudrücken – in mein Herz. Sofort dachte ich an meine WhatsApp-Gruppe, die sich bestimmt über das Foto freuen würde. Ich zog mein Handy raus, sah ein paar Pop-up-Nachrichten, checkte die schnell, dann wollte ich den Sonnenuntergang fotografieren. Ich probierte verschiedene Einstellungen, lief ins Feld hinein, um noch ein paar Grashalme im Vordergrund zu haben, änderte den Filter und noch mal die Perspektive. Als ich fertig war, war die Sonne weg und das goldene Licht verschwunden. Genau wie das schöne Gefühl!

Wer schöne Situationen fotografiert, riskiert, sie auf Motive zu reduzieren. Wer auf seinem Display Helligkeit, Schärfe und Bildausschnitt etc. kontrolliert, kann nicht gleichzeitig wahrnehmen, was genau um ihn herum passiert, wie sich die Temperatur um Nuancen ändert, die Luft feuchter wird, das Vogelgezwitscher zunimmt. Oder wie sich der Boden unter den Füßen anfühlt und die Nähe zu dem

Menschen neben dir. Die emotionale Verknüpfung mit dem Moment findet nicht statt. Gefühle werden verpixelt.

Klar kann man sich hinterher seine Fotos anschauen und denken, das war toll. Es ist auch nett, wenn man von der Community dafür ein paar Daumen-Hoch oder Cool-Emojis bekommt. Im Gegenzug aber verschenkt man die Einzigartigkeit des Moments. Sie ist für immer dahin.

Und es besteht die Gefahr, dass die Situation auch im Nachhinein noch durch das Posten einen faden Beigeschmack bekommt. Schließlich hat man einen ganz persönlichen Augenblick öffentlich gemacht und damit zur Bewertung freigegeben. Jeder darf seine Meinung dazu äußern, und wenn es nur über den Like-Button ist. Wer aber nach Meinungen fragt, muss auch mit Meinungen zurechtkommen, die nicht gefallen. Das müssen nicht mal Hate-Kommentare sein. Es reichen auch missverständliche Postings, die einen zum Grübeln bringen. Oder Likes, die ausbleiben. Schon fängt man an zu überlegen, warum das so ist. Wieso hat der oder die mein Bild nicht gelikt? Hätte ich ein schöneres Bild posten sollen? Ein anderes Motiv wählen? Oder finden es andere vielleicht sogar blöd, dass ich das Foto gepostet habe? Bin ich vielleicht nicht mehr so beliebt?

Schon werden die Gefühle, die man in der ursprünglichen Situation hatte, überlagert mit aktuellen Gefühlen. Eine neue emotionale Verknüpfung entsteht. Die Wahrnehmung wird nachträglich verändert. Wenn man in der Situation, die man gepostet hat, tatsächlich glücklich oder stolz war, ist man es nun vielleicht nicht mehr, weil die Reaktion auf das Posting einen nicht glücklich oder stolz macht. Der schöne Augenblick wurde nachträglich kaputt gemacht.

Ob das das Risiko wert ist, muss jeder für sich selbst entscheiden.

Ich habe immer noch den Reflex, ein Foto machen zu wollen vom Sonnenuntergang oder vom hübsch dekorierten Teller mit gebeiztem Lachs auf Rote-Bete-Carpaccio oder vom Klatschmohn am Wegesrand. Mein persönliches Qualitätsmanagement aber hat mir gezeigt, dass ich besser dran bin, wenn ich es lasse.

Für wen mache ich das? Nicht für mich, so viel steht fest.

Tut mir das gut? Nein. Ob ich etwas poste oder nicht, ändert nichts an dem eigentlichen Moment – im Gegenteil.

Will ich damit beeindrucken oder kann das weg? Klare Antwort: kann weg.

Ich habe für mich festgestellt, dass es viel gewinnbringender ist, den Anblick einfach nur in sich aufzunehmen. Ganz bewusst zu schauen, wie sieht das aus, wie fühlt sich die Umgebung an, wie fühle ich mich dabei. Das ist dann zwar nichts, was ich mit der Welt teilen kann. Aber es ist ein besonderer Moment für mich. Den kann ich in meine ganz persönliche Schatzkiste der perfekten Momente legen, und da bleibt er vollständig erhalten. Manche Bilder, die ich nicht fotografiert habe, habe ich trotzdem stets präsent im Kopf. Und weil sie nur dort archiviert sind, passe ich besonders gut auf sie auf. Für Social Media gilt meiner Meinung nach:

Geteilte Augenblicke sind halbe Augenblicke.

Neuland, Vol. 2

Alles schon gesehen, alles schon gehabt? Von wegen. Auch auf dem Sonnendeck gibt es haufenweise Sachen, die man noch nie gemacht hat. Und auch im besten Alter spürt man sie noch: die prickelnde Vorfreude auf das erste Mal. Zum Beispiel beim

Fahrradhelm anziehen, obwohl man sich gerade die Haare geföhnt hat
Wenn man wissen möchte, ob man es tatsächlich geschafft hat, erwachsen zu werden (und damit meine ich nicht das Ich-darf-endlich-allein-entscheiden-Juchhu-Erwachsen, sondern das richtige Erwachsen, bei dem man auch die Konsequenzen für seine Entscheidungen voraussehen und tragen kann und muss), braucht man nur einen Fahrradhelm. Der Fahrradhelm ist der beste und simpelste Indikator für den Grad des Erwachsenseins, weil er die beiden Gegenpole Coolness und Vernunft direkt in sich vereint.

Für Kinder ist es keine Frage. Man sagt ihnen: »Zieht den Helm an«, und sie ziehen ihn an. Das funktioniert reibungslos. Bis zur siebten Klasse ungefähr. Dann wird es schwierig. Der gemeine Teenager sträubt sich. Aus dem Sicherheitsgegenstand wird ein Lenkerschmuck.

Wenn man seine Kinder penetrant belabert (oder eventuell sogar Strafen ankündigt), ziehen sie den Helm vielleicht beim Losfahren noch an, aber wenn sie an der Schule angekommen sind, ist er auf wundersame Weise an den Lenker gewandert. Coolness ist alles, Vernunft ist nichts.

Ich bläue meinen Kindern natürlich immer wieder ein, wie wichtig der Helm ist. Prompt kommt die dreiste Erwiderung: »Du ziehst ihn auch nicht immer an.«

Erwischt. Wenn ich mal schnell zum Bäcker geradelt bin, habe ich mir die Freiheit genommen, den Helm dazulassen. Aber damit ist jetzt Schluss.

Kurze Strecken sind keine Ausrede mehr! Und dann kam meine Reifeprüfung. Ich war mit dem Rad beim Friseur. Frisch gesträhnt und geföhnt kam ich aus dem Laden und genoss die Luft an meinem Nacken und das Gefühl der strahlenden Erneuerung. Dann fiel mein Blick auf den Helm in meinem Fahrradkorb. Mist.

Das Hadern begann. Die Kinder waren in der Schule und würden meinen Betrug nicht mitbekommen. Ich wog mein Frisurenglück gegen die Gefahren ab, die auf dem Weg lauern. Kreuzungen, Bordsteine, Straßenbahnschienen. Natürlich verschwendet keine coole Sau auch nur einen Gedanken an ein Schädel-Hirn-Trauma, wenn doch die Haare schön sind. Aber die Vernunft weiß genau, was schlimmer ist: eine zerstörte Frisur oder ein Gemüsehirn.

Für wen würde ich den Helm weglassen? Für die anderen. Helm weglassen – macht man eindeutig nur, um zu beeindrucken.

Ich habe mein Schicksal besiegelt und die Allgemeine Erwachsenenreife erfolgreich bestanden. Heute gehöre ich zu den Leuten, die nicht mehr darüber nachdenken, ob sie einen Helm aufsetzen oder nicht. Sie tun es einfach. Ich bilde mir ein, es wäre eine liebenswerte Extravaganz, wenn die Haare gleichzeitig platt gedrückt und zerzaust sind. Es lebe der Bad Hair Day!

EIN BISSCHEN SPIEßIGKEIT

IST KEIN WELTUNTERGANG

MAN KANN DOCH NICHT EWIG DEN BAUCH EINZIEHEN

Ich hatte wirklich gedacht, ich wäre immun gegen Spießigkeit. Aber jetzt ertappe ich mich, wie ich Dinge mache, von denen ich niemals dachte, dass ich sie irgendwann mal machen würde. Und damit meine ich nicht verrückte Dinge wie den Fallschirmsprung aus einer klapprigen Propellermaschine oder den Tauchkurs in einem Land, in dem »Maybe now, maybe later« ein Grundgesetz ist.

Nein, ich meine die *wirklich schrägen* Sachen.

Wie zum Beispiel: Sprichwörter zum guten Benehmen als Erziehungsmittel einsetzen. Scheren nur gemäß ihres Einsatzzwecks benutzen (nicht etwa in einem Bad-Hair-Moment mit der Nagelschere den Pony schneiden). Nach 20 Uhr nichts mehr zu mir nehmen, weil sonst die Schlafqualität leidet. – Sachen, die mir so abwegig vorkamen, dass ich überzeugt war, niemals zu den bedauernswerten Menschen zu gehören, die sie tun.

Doch spätestens seit ich, ohne mit der Wimper zu zucken, alkoholfreies Bier bestelle, meinen Balkon mit Unmengen Geranien schmücke (und es wirklich schön finde), liebend gerne Mandalas ausmale, Kräutertee zum Digestif trinke und meine eigenen Kinder in fremden Zungen sprechen, weiß ich: Jetzt ist es passiert. Jetzt bin ich doch so geworden, wie ich nie sein wollte. Angepasst. Uncool. Und sehr entspannt.

Das Überraschende an Spießigkeit ist nämlich, dass sie so praktisch ist.

Früher habe ich Leute belächelt, die Lebenszeit damit verschwenden, ihre Duschkabine direkt nach dem Abbrausen zu polieren. Aber ich hatte sowieso ein ambivalentes Verhältnis zum Putzen. Ich habe in meinen früheren Wohnungen genau zweimal die Fenster geputzt. Einmal beim Einzug, das zweite Mal beim Auszug. Ich habe überhaupt nicht mitbekommen, dass sich die Zimmer langsam verdunkelten. Durch den Zigarettenqualm meiner Freunde konnte ich eh nichts sehen.

Heute dagegen habe ich total den Durchblick. Jetzt putze auch ich die schöne Glasfaltwand direkt nach dem Duschen. Weil es viel schlauer ist, als die Tropfen erst eintrocknen zu lassen, so dass man am Ende den Kalk mit dem Meißel abschlagen muss. Ich habe mir sogar einen Fenstersauger dafür gekauft! Eine sehr geniale Erfindung, was ich auch erst jetzt verstanden habe. Man wird also nicht nur spießig. Man wird tatsächlich auch ein bisschen altersweise.

Gleichzeitig befreit man sich mit einem Schlag von so vielen Erwartungen. Ich muss nicht mehr jede Dreistigkeit tolerieren, damit andere mich für total lässig und hip halten. Ich brauche nicht dauernd Rücksicht auf die Rücksichtslosigkeit anderer Leute zunehmen, aus Angst, als Spaßbremse dazustehen. Oder meine ehrliche Meinung zurückzuhalten, aus Sorge, wie man beim anderen ankommt und dass man vielleicht für konservativ gehalten wird. Das Wunder der Uncoolness ist, dass man sich von all diesen Erwartungen freimachen kann. Genauso wie von dem inneren Zwang, den Bauch einzuziehen. Wo doch eh jeder weiß, dass man keine Wespentaille mehr hat. Und das ist so verblüffend befreiend, dass ich mich frage, warum ich nicht viel früher damit angefangen habe.

DIENST NACH VORSCHRIFT

Warum frühstücken Beamte im Büro?
Damit wenigstens ihr Magen arbeitet.

Solche Witze gibt es haufenweise. Obwohl die Realität ohne Frage ganz anders aussieht, gilt der Klischee-Beamte als kleinkarierter Erbsenzähler und als Verkörperung vom Dienst nach Vorschrift. Der wird bei Wikipedia definiert als »ein Verhalten von Beschäftigten, bei dem sie die Arbeitsintensität und/oder Arbeitsleistung vermindern, ohne dabei ihre Arbeitspflicht zu verletzen«.

Der Vollständigkeit halber füge ich hinzu, dass Dienst nach Vorschrift auch als Arbeitskampfmaßnahme eingeordnet werden kann, wenn durch striktes Befolgen von Vorschriften Arbeitsabläufe bewusst verzögert werden. Das nennt man dann Bummelstreik.

Aber darum soll es hier nicht gehen. Sondern um den Dienst nach Vorschrift, wie er in der allgemeinen Wahrnehmung gedeutet wird: Die Art, im Job nichts weiter zu tun als das, was man unbedingt muss, und um fünf den Griffel fallen zu lassen und nach Hause zu gehen, egal, welche Arbeiten noch zu erledigen sind.

Dienst nach Vorschrift hat keinen guten Ruf. Er ist der Inbegriff der Spießigkeit. Niemals würde ich selbst Dienst nach Vorschrift machen oder ihn auch nur befürworten. Nicht mal ein Fitzelchen Verständnis dafür konnte ich aufbringen. *Bisher.*

Mittlerweile sehe ich das etwas anders. Dienst nach Vorschrift mag ein schlechtes Image haben, ist aber manchmal dringend notwendig. Als Selbstschutz.

Das gilt nicht für Leute, die sowieso schon innerlich gekündigt haben und keinen Handgriff mehr tun als unbedingt notwendig. Die tun mir leid, weil sie – aus welchen Gründen auch immer – keinen Spaß an der Arbeit haben. Dabei ist Arbeit etwas Tolles. Das Gefühl, etwas zu schaffen, etwas zu bewirken, etwas zu leisten, ist für die Selbstbestätigung wichtig und kann sehr befriedigend sein.

Die Probleme fangen da an, wo der Arbeitseinsatz über die vertraglichen Regelungen hinaus erforderlich ist, um den Betrieb am Laufen zu halten. Über die Hälfte aller Beschäftigten leisten Überstunden. Im Durchschnitt arbeiten sie pro Woche drei Stunden länger. Einen Ausgleich bekommen weniger als 50 Prozent der Angestellten. Bei Frauen sind es sogar nur 41 Prozent.[*]

Nicht nur von dem, was ich in den Medien lese, sondern auch von dem, was ich aus meinem privaten Umfeld höre, drängt sich mir der Verdacht auf, dass manche Führungskräfte ihre Firmenstruktur auf dem persönlichen Engagement ihrer Mitarbeiter aufbauen. Oder besser gesagt: auf ihrer Bereitschaft zur Selbstausbeutung.

In einer Umfrage unter 1000 Angestellten gab fast die Hälfte der Befragten an, von ihrem Job frustriert zu sein. Die beiden wichtigsten Gründe dafür: zu wenig Unterstützung durch die Geschäftsführung und eine zu hohe Arbeitsbelastung.[**]

Das deckt sich mit meinen Erfahrungen.

Zu wenig Personal – egal, da müssen die verbliebenen Mitarbeiter eben mehr arbeiten.

---

[*] Arbeitszeitmonitor 2019, Compensation Partner
[**] Fiverr Blog, August 2021

Schlechte Arbeitsaufteilung – hat doch bisher auch funktioniert und
die Mitarbeiter werden es schon schaffen.

Überstunden – können wir nicht genehmigen, das Budget, das verstehen Sie sicher.

Diese Positionen werden häufig so lange vertreten, wie sich niemand ernsthaft beschwert. Viele Mitarbeiter sind selbstverständlich
bereit, mal länger zu arbeiten, Vertretungen zu übernehmen, auch
noch von zuhause Dinge zu erledigen und sonstige Defizite in der
Personalstruktur mit noch mehr Anstrengung auszugleichen. Das
ist vorbildlich, kollegial, beweist eine tolle Arbeitsmoral und muss
manchmal sein. Und wenn einem der Job Freude bereitet, macht
man es auch gerne. Ab und zu jedenfalls. Wenn aus der Ausnah-
mesituation aber ein Dauerzustand wird, ist dieses Verhalten selbst-
schädigend.

Vor allem, wenn der Arbeitgeber es nicht honoriert – mit einer
finanziellen Kompensation oder Freizeitausgleich oder anderen Ver-
günstigungen. Dann führt diese Art persönliches Engagement dazu,
vorhandene Strukturen zu vertiefen. Was wiederum bedeutet, dass
man weiter im Hamsterrad rennt, um Arbeitsprozesse oder Produk-
tion am Laufen zu halten, und niemals innehalten kann, weil man
sonst sofort von einem Berg Arbeit begraben wird. In solchen Fällen
ist Dienst nach Vorschrift ein Ausweg, um sich und seine Gesundheit zu schützen.

Gerade die guten Leute nämlich, die engagierten und motivierten,
die sich mit ihrer Arbeit und der Firma identifizieren und super
Teamarbeiter sind, die mitdenken und Probleme und Zusammen-
hänge erkennen – die sind besonders gefährdet für Selbstausbeutung.

Weil sie wissen: »Wenn ich heute nicht noch die Bestellung aufgebe, kann der Kollege morgen nicht weitermachen und dann können wir die Frist nicht einhalten.« Weil sie Kommunikationsprobleme durchschauen und nach Feierabend schnell noch daraus entstehende Fehler beheben, bevor Schaden für die Firma entsteht. Weil sie ihre Patienten nicht im Stich lassen wollen, obwohl sie längst nicht mehr dafür bezahlt werden.

Die, die mit Herzblut bei der Sache sind, opfern sich am ehesten auf. Da bleiben das eigene Wohlbefinden und die Gesundheit schon mal auf der Strecke. Was nicht nur in einem persönlichen Drama enden kann, sondern in einem längerfristigen Ausfall, der wiederum den Arbeitgeber teuer zu stehen kommt.

Missstände in Personalpolitik und Abläufen strukturell zu ändern, ist ein Boss-Job. Als Angestellte oder Arbeiter kann man in dieser Hinsicht oft nicht viel ausrichten. Besonders, wenn man bei seinen Vorgesetzten auf Unverständnis, Unvermögen und persönliche oder politische Widerstände stößt.

Natürlich ist es trotzdem gut, wenn man Probleme anspricht und, wenn möglich, auch Lösungen vorschlägt.

Dazu gehört auch Überwindung. Verständlicherweise.

Denn erstens reagieren nicht alle Vorgesetzten positiv.

Und zweitens kann man mit dem ehrlichen Eingeständnis, sein auferlegtes Pensum nicht zu schaffen, niemanden beeindrucken. Schon gar nicht die Chefetage.

Außerdem sieht unsere Gesellschaft ein hohes Stresslevel im Arbeitsleben als Auszeichnung an. Man hat noch schnell das Projekt gestemmt, die Nacht durchgearbeitet, Konferenzen geleitet, auf den letzten Drücker was Großartiges geleistet, ist rund um die Uhr erreichbar. Das sind die Sachen, die Eindruck machen. Sogar Erschöpfung wird zum Statussymbol, weil sie den Beweis liefert, wichtig und erfolgreich zu sein.

Der Satz »Ich mache pünktlich Feierabend« hingegen hat wenig Imponierpotenzial. Im Gegenteil. In manchen Firmen gehört es zum guten Ton, länger zu bleiben – selbst wenn nichts Wichtiges mehr ansteht. Weswegen es Überwindung kostet, »nur« die vertraglich vereinbarte Zeit zu arbeiten. Besonders, wenn man die Einzige ist, die auf die Uhr schaut und pünktlich nach Hause geht.

Vielleicht aber würden sich die anderen freuen, wenn man mit »schlechtem« Beispiel vorangeht. Nur so kann sich ja diese Arbeitskultur ändern. Dienst nach Vorschrift ist vielleicht nicht karrierefördernd. Aber unglaublich wohltuend. Das sollte man sich regelmäßig gönnen. Engagiert arbeiten, sein Bestes geben und zum Feierabend mit gutem Gewissen sagen: »Ich bin dann mal weg.«

Die Kohlen aus dem Feuer holen kann man auch am nächsten Tag noch. Oder jemand anders.

Karriere kann man wollen. Muss man aber nicht.

MAN BRAUCHT KEIN
WERKZEUG, UM
SEINE ANSPRÜCHE
RUNTERZUSCHRAUBEN

DIE INNERE STECHUHR ÜBERLISTEN

Ich habe eine Schrittzähler-App auf meinem Smartphone. Wenn ich an einem Tag 6000 Schritte gegangen bin, regnet es Konfetti und Beifall brandet auf. Diese virtuelle Bestätigung eines nicht vorhandenen Publikums motiviert mich tatsächlich, die erforderliche Anzahl Schritte zu erreichen. Ich kann jeden Tag kontrollieren, wie viel ich gegangen bin, und bekomme für gute Leistungen ein Sternchen und für den aktuellen Schrittrekord ein Krönchen. Natürlich bin ich versucht, mich immer wieder selbst zu übertreffen, damit ich ein neues Krönchen bekomme. Ego-Imponiergehabe.

Eine ähnliche Wirkung hat eine andere Leistungs-App auf mich, die ich aber eher unfreiwillig nutze. Ich weiß ehrlich gesagt gar nicht, warum und wann ich sie mir runtergeladen habe. Sie ist wahrscheinlich fest in meinem Charakter verbaut. Man könnte sie die Innere-Stechuhr-App nennen. Das ist eine Leistungs-App, die darauf programmiert ist, mir selbst erst nach einer bestimmten Menge an erledigten Pflichten zuzujubeln und die Erlaubnis zum Ausruhen zu geben. Sie funktioniert natürlich nicht nach einem exakten Algorithmus, sondern nach Gefühl. Was leider besonders perfide ist.

Ich hab nämlich den starken inneren Drang, erst einmal Dinge zu erledigen, bevor ich mich ausruhen darf. Auch wenn ich meine bezahlte Arbeit schon verlassen habe, stehen ja noch haufenweise Pflichten zuhause an. Und von all dem, was jeden Tag auf der To-do-Liste steht, muss ich ein gewisses Pensum erledigt haben, bevor ich mir selbst Feierabend gestatte.

Erschwert wird das dadurch, dass die Innere-Stechuhr-App sich schnell auf neue Situationen einstellt und mich anweist: Wenn du doch schon dabei bist, kannst du auch noch das und das machen.

Da kann es mir passieren, dass ich mir lediglich vornehme, die Blumen zu gießen, aber auf dem Weg zur Regentonne sehe ich die Blätter auf der Terrasse und fege sie noch eben auf. Dann fällt mir der schmutzige Tisch draußen auf und ich wische ihn schnell ab. Und wo ich gerade den Lappen in der Hand habe, könnte ich ja auch noch die Gartenstühle sauber machen, die verblühten Rosenblüten abschneiden und die alten Plastikblumentöpfe in die Mülltonne werfen. Und in dem Moment, wo ich mich hinsetzen will, kommt mir in den Sinn, dass meine Familie sich über frisch gebackenes Baguette zum Abendessen freuen würde, und schwups stehe ich in der Küche und werkele da weiter. Wenn ich mich dann irgendwann aufs Sofa setze, erfüllt mich mit großer Befriedigung, was ich heute alles geschafft habe.

Die Küche ist sauber, der Kühlschrank gefüllt, die Rechnungen bezahlt, die Handwerker bestellt, kleine Reparaturen gemacht, die Einfahrt gefegt, der Boden gewischt, die Büsche geschnitten, die Pflanzen gegossen, die Wäsche gewaschen, das Kaminholz geordert, Termine im Kalender eingetragen, Urlaub gebucht, die Fenster geputzt, die Mülltonnen rausgestellt, Einladungen an Gäste vorbereitet, Altglas weggebracht und das Essen gekocht.

Meine Innere-Stechuhr-App verteilt Fleißkärtchen an mich.

So weit alles in Ordnung. Ich möchte es zuhause schön haben und verwöhne auch meine Familie gerne.

In letzter Zeit jedoch habe ich gemerkt, dass meine Innere Stechuhr anfängt, mich zu nerven. Dass sie auf Dauer zu hohe Ansprüche hat. Dass *ich* zu hohe Ansprüche *an mich* habe.

Die Momente, in denen ich mich überfordert fühle, werden mehr. Es bedarf mehr und mehr grimmiger Entschlossenheit, mich nicht hängen zu lassen.

Das ist nämlich das Problem: Für die unbezahlten Arbeiten gibt es keinen Vertrag, der den offiziellen Feierabend festlegt. Hausarbeit ist ein Job, in dem man nie fertig wird. Wenn vorne geputzt ist und alles glänzt, könnte man hinten schon wieder anfangen Ein Teufelskreis.

Häusliche und familiäre Pflichten sind wie ein Fluss, der immer weiterfließt. Jeden Tag watet man hindurch, kämpft gegen die Strömung, bis man am Abend am anderen Ufer angekommen ist, wo man entkräftet zu Boden geht. Um am nächsten Tag wieder auf der anderen Seite aufzuwachen und den Fluss mit seiner reißenden Strömung erneut zu durchqueren.

Die Leistung, immer wieder von vorne anzufangen und alles gestemmt zu bekommen, ist schon sehr beeindruckend.

Und ehrlich gesagt will ich mich manchmal auch beeindrucken. Und mir beweisen, dass ich es schaffe. Die Standards setze ich dabei selbst. Und die sind hoch.

Ich könnte es mir einfacher machen, scheitere aber an meinen eigenen Erwartungen.

In diesem Konzept fehlt einfach der Platz für meinen Liegestuhl auf dem Sonnendeck.

MEHR IST MANCHMAL ZU VIEL

Meine Mutter hat immer gesagt:

»Das Wetter ist zu schön, um Kuchen zu backen.«

Dann hat sie sich in die Sonne gesetzt.

Du hast recht, habe ich daraufhin gedacht, aber ich mache es trotzdem. Kuchen backen geht ja schnell. Und dabei noch fix das Backblech schrubben, während die Kaffeemaschine läuft, und den Tisch decken und die Familie glücklich machen.

Frauen sind wissenschaftlichen Studien zufolge immer noch diejenigen, die den Großteil der unbezahlten Arbeit rund um Haushalt und Familie erledigen – statistisch gesehen anderthalb Stunden mehr pro Tag als Männer.[*] Väter sind durch ihre im Durchschnitt deutlich längeren Arbeitszeiten automatisch von etlichen häuslichen Verpflichtungen entbunden. Weil sie gar nicht anwesend sind, um sie zu übernehmen. Diese Rollenverteilung bleibt häufig in der freien Zeit bestehen. Natürlich übernehmen auch Väter viele Aufgaben, aber in der Regel nicht so konsequent wie Mütter. 72 Prozent der Frauen in Deutschland arbeiten jeden Tag im Haushalt, aber nur 29 Prozent der Männer.[**]

Für die Organisation des Alltags tragen überwiegend Frauen die Verantwortung. Dabei geht es nicht nur um die tatsächlich zu verrichtenden Aufgaben, sondern auch um den *Mental Load*. So wird die unsichtbare Gedankenarbeit genannt, die geleistet werden muss, um einen Haushalt und eine Familie am Laufen zu halten. Sprich: die Koordinierung und Planung. Auch die liegt überwiegend in Frauenhand, weil vieles schlicht voneinander abhängig ist. Wenn nur ich die Kinder nachmittags zum Kieferorthopäden fahren kann, muss ich auch die Termine dafür ausmachen. Wenn ich fürs Kochen zuständig bin, ist es günstiger, wenn ich selbst einkaufe, um

---

[*] Gleichstellungsbericht der Bundesregierung 2019
[**] Eurostat 2019

meine Essensplanung anpassen zu können. So manifestiert sich der sogenannte Gender-Care-Gap, der Unterschied in der Sorgearbeit zwischen den Geschlechtern.

Besonders Mütter können sich dabei eines nicht leisten: nach dem Lustprinzip handeln. Sie werden nicht gefragt, ob sie Lust darauf haben, ihrem Kind eine Windel zu wechseln oder die Wäsche zu waschen, Essen zu kochen oder die Toilette zu putzen. Sie müssen es machen, ob sie wollen oder nicht. Denn die Pflicht ruft. Sehr laut und mehrstimmig und manchmal in einem sich überlappenden Kanon.

Frauen (und natürlich auch viele Männer) regeln aber nicht nur das, was unbedingt geregelt werden muss, sondern noch vieles darüber hinaus, um ihrer Familie (und Gästen) etwas zu bieten: Ausflüge, einen schön dekorierten Tisch, das Lieblingsessen, Weihnachtsplätzchen, eine mit Blumen bepflanzte Terrasse, einen Apfelkuchen am Sonntag. Die Erwartungshaltung steigt. Von anderen, von sich. Anerkennung für das, was man tut, hört man natürlich sehr gerne. Sie tut gut. Sorgt aber auch für einen Status quo, den man erhalten möchte.

Manchmal reichen kleine Bemerkungen, um Maßstäbe zu setzen, an denen man zukünftig gemessen wird. »Sonntagskuchen ist eine tolle Sache«, lobt mein Mann, »vielleicht können wir beim nächsten Mal die Himbeer-Trüffeltarte machen?« Klar schreibe ich mir auf meine To-do-Liste für nächstes Wochenende *Himbeer-Trüffeltarte backen.*

Wenn Dilara zu uns rüberkommt, sagt sie jedes Mal: »Bei dir ist es immer so sauber.«

Ich freue mich darüber, aber zack, hat sich die Erwartung in meinen Kopf eingebrannt. Und ich muss beim nächsten Mal unter Beweis stellen, dass es immer noch so sauber ist.

- Gäste haben mein Essen gelobt – natürlich versuche ich, auch beim nächsten Mal wieder zu beeindrucken.
- Die Kinder fanden den Ausflug in die Stadt so toll – gerne wiederhole ich das.
- Dem Nachbarn fällt auf, dass mein Kirschlorbeer so gut geschnitten ist – also achte ich darauf, dass er seine Form behält.

Kumulatives Update für die Innere-Stechuhr-App. Mit immer neuen Leveln. Oft sehe ich vor lauter Messlatten den Wald nicht mehr.

Darauf zu warten, dass mich irgendeiner von der inneren Stechuhr befreit, ist unsinnig. Die ist fest verbaut und wird immer weiterlaufen. Die einzige Lösung ist, sie umzuprogrammieren. Und die Einzige, die Adminrechte hat, bin ich.

HARA HACHI BU

»Hara hachi bu« klingt nach dem Titel eines Schlafliedes, bezeichnet aber die japanische Regel, nur so lange zu essen, bis man nicht mehr hungrig ist. Was ein deutlicher Unterschied ist zu: essen, bis man vollständig satt ist. Der Magen soll entsprechend der japanischen Weisheit nur zu ungefähr drei Vierteln voll sein, dann ist Schluss. Diese Essensregel ist nach wissenschaftlichen Erkenntnissen eine Ursache für die Gesundheit vieler Japaner bis ins hohe Alter. Um *Hara hachi bu* zu praktizieren, muss man so langsam essen, dass man den Zeitpunkt, zu dem der Hunger verschwunden ist, auch bemerkt. Wenn man in sich hineinschlingt, verpasst man diesen Moment der Sättigung und isst am Ende mehr, als man müsste. Mit weniger positivem Effekt auf die Gesundheit.

Ich finde, das ist ein tolles Konzept. Ich würde *Hara hachi bu* gerne auch als Regel für das Arbeiten anwenden. Dass man nicht so lange schuftet, bis man völlig kaputt ist, sondern bei drei Vierteln der verbrauchten Kraft aufhört und noch Energie hat für andere Sachen. Für Dinge, die Spaß machen. Das ist die erste Änderung, die ich in meine Stechuhr-App einbaue: *Hara hachi bu* fürs Arbeiten.

Dafür muss man jedoch auf seinen Körper hören. Achtsam auf die Signale lauschen und nur so viel arbeiten, dass man zwar einiges geschafft hat, aber noch nicht total kaputt ist. Vielleicht muss man dazu die eigenen Grenzen neu ausloten. Und sich eingestehen, wann der Punkt erreicht ist, von dem an das Energiedepot zu drei Vierteln geleert ist. Und dann aufhören, obwohl man noch weitermachen könnte.

> Ansprüche sind wie Luftballons.
> Wenn sie zu weit nach oben steigen, muss man sie ziehen lassen.

Als ich neulich den Rasen vertikutiert habe, habe ich das erste Mal *Hara hachi bu* ausgetestet. Ich habe nicht versucht, mich mit meinem Arbeitseifer zu beeindrucken. Und habe nicht wie sonst so lange geackert, bis mir der Schweiß in Strömen lief und ich ausgedörrt in die Küche gewankt bin, um mit zitternden Händen eine Gallone Wasser in mich reinzuschütten.

Nee. Ich habe ein bisschen vertikutiert, einen Haufen Moos in die Biotonne geworfen und in dem Moment, wo ich dachte, jetzt reicht es mir, einfach aufgehört. Das Moos ist auch morgen noch da. Und übermorgen auch.

Anstatt mich also mit einem komplett frisch aufbereiteten Rasen zu imponieren, habe ich mich anderweitig sehr stolz gemacht, indem ich mit dem Arbeiten aufgehört habe, als mir mein Körper das Signal gegeben hat, dass es mir jetzt guttun würde, die Füße hochzulegen. Fühle mich richtig konfuzius!

Die Sache mit dem Vertikutieren war aber eine leichte Übung, weil ich niemanden enttäuscht habe. Der Moos-Status des Rasens ist für meine Familie ungefähr so wichtig wie die Frage, wie viel Grünkernschrot wir im Vorratskeller haben. Um die Innere-Stechuhr-App richtig umzuprogrammieren, muss ich aber an die schwierigen Fälle gehen. Das sind die, bei denen man aktiv Erwartungen von andern nicht erfüllt. Wobei man sich dabei ehrlicherweise gerne selbst betrügt. Die Erwartungshaltung von anderen ist oftmals gar nicht das Problem. Sondern die eigene. Ob der Kuchen selbstgebacken oder gekauft ist – meine Familie wäre mit beidem zufrieden.

Ob der Küchenboden blitzeblank ist oder nicht – für die Unterhaltung mit Dilara würde es keinen Unterschied machen.

Nur ich bin diejenige, die ein Problem damit hat. Genauso wie mit dem Deligieren von Pflichten an andere. Weil sie es oft nicht so machen, wie ich das gerne hätte.

Wenn die Kinder zum Staubsaugdienst abkommandiert wurden, machen sie das auch brav. Nur nicht so gründlich wie ich.

Wenn ich meinen Mann gerne um die Erledigung von etwas bitten würde, ihm aber erst umständlich erklären müsste, wo was zu finden ist und wie das geht, kommt bei mir schnell der Gedanke auf: Dann kann ich es auch gleich selbst machen.

Wenn ich aber die Jobs an mich reiße, weil die anderen sie nicht nach meinen Standards ausführen, bleibe ich auch ewig auf der ungleichen Arbeitsverteilung sitzen.

Hara hachi bu wäre deswegen auch ein guter Ansatz für die Bewertung von Arbeiten, die andere machen. Ob jemand die Küche aufräumt und dabei vergisst, den Herd abzuwischen, oder den Rasen mäht und dabei die Kanten auslässt – was soll's. Der Job ist zu drei Vierteln erledigt. Und ich musste ihn nicht machen.

Neben der *Hara hachi bu*-Funktion für die Innere-Stechuhr-App habe ich noch eine weitere Lösung für die Umprogrammierung gefunden. Sie ist ganz einfach.

Ich kann nämlich jetzt zaubern.

DIE UNENDLICHE LEICHTIGKEIT DES NEINS

Es gibt zwei Sätze, die die Innere-Stechuhr-App zum Schweigen bringen und einen direkt aufs Sonnendeck leiten. Sie funktionieren besonders gut, wenn man sie laut ausspricht. Am besten vor dem erwartungsfreudigen Publikum.

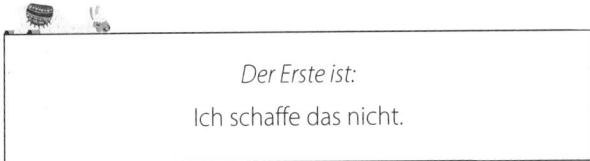

Der Erste ist:
Ich schaffe das nicht.

Die Vorstellung zu sagen: »Ich schaffe das nicht« war nicht in meinem Kopf präsent. Diesen Satz gab es nicht für mich. Egal, worum es ging: Job und Haushalt und Garten und Kochen und Einkaufen und Kinder und noch mehr Job und Haushalt und Kinder und Renovierung und Haushaltsauflösungen und Familie und Freunde und und und. Ich habe immer alles geschafft, warum sollte ich jetzt irgendetwas nicht mehr schaffen? Cool sein bedeutet ja auch, sich nichts anmerken zu lassen. Negative Gefühle, welcher Art auch immer, nicht an sich heranzulassen, sondern in jeder erdenklichen Situation Gelassenheit auszustrahlen. Natürlich schaffe ich das!

Das weiß ich, das wissen die anderen. Aber ich komme mehr und mehr zu dem Schluss: Tut mir nicht gut. Mache ich oft für andere. Nur um zu beeindrucken.

Deswegen will ich das alles gar nicht mehr schaffen. Ich bin nicht mehr bereit dazu.

Hara hachi bu!

Wenn also irgendjemand mit einem Vorschlag ankommt, der mir Zeit und Energie raubt, die ich für andere Dinge aufwenden möchte, sage ich jetzt einfach: »Das schaffe ich nicht.«

Und ich bin raus aus der Nummer.

Allerdings ist dieser Satz nicht allzu mächtig. Er hat nur halbe Zauberkraft. Außerdem muss man aufpassen. Er kann auch zur Falle werden.

Denn in »Ich schaffe das nicht« steckt eine Rechtfertigung. Er geht einher mit den ungesagten (oder sogar lang und breit aufgezählten) Pflichten, die man noch auf der To-do-Liste hat. Auf »Ich schaffe das nicht« folgt in Klammern immer ein stummes (weil ich so viel anderes zu tun habe). Der Satz bettelt also um die Freistellung von neuen Pflichten mit der Entschuldigung: »Ich schufte doch sowieso schon so viel.«

Mit dem Satz kann man sich also selbst überlisten. In dem Moment, wo ich sage: »Ich schaffe das nicht«, muss ich mir (und den anderen) nämlich beweisen, dass mich anderweitige Pflichten von dieser neuen Erwartung abhalten. Dann kann es sein, dass ich es zwar »nicht schaffe«, noch einen Kuchen zu backen, dafür aber wie eine Wilde Staub wische oder das Klo putze, damit auch jeder sieht, dass ich gar nicht in der Küche Teig kneten kann.

»Die ich rief, die Geister, werd ich nun nicht los«, würde Goethes Zauberlehrling dazu sagen. Klarer Fall von: selbst reingelegt!

Zum Glück gibt es noch einen anderen Zauberspruch, der so magisch ist wie simpel. Man muss jedenfalls nicht in Hogwarts gewesen sein, um ihn zu beherrschen. Jeder kennt ihn. Und sehr viele wenden ihn häufig an. (Wenn man Teenagerkinder hat, wird man ihn jedenfalls öfter hören.) Besonders Müttern jedoch scheint er entfallen zu sein. Aus dem Gedächtnis gelöscht durch eine endlose Anzahl von Pflichten und dem Gefühl, ständig für andere da sein und immer funktionieren zu müssen.

Auch mir ist das so gegangen. Aber jetzt habe ich ihn wiederentdeckt.

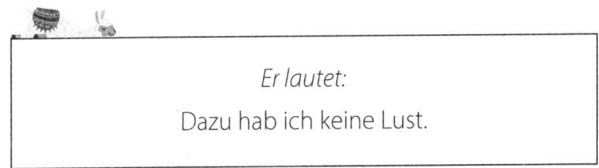

Er lautet:
Dazu hab ich keine Lust.

Keine Rechtfertigung. Keine Entschuldigung.

Einfach: Dazu hab ich keine Lust.

Dieser Satz ist so mächtig, weil für ihn kein Alibi nötig ist. Ich muss keine Verpflichtungen vorschieben. Ich muss nichts erklären. Jeder versteht, was er bedeutet. Und mit diesem kleinen Satz – puff – löst sich die Erwartungshaltung in Luft auf. Die Innere-Stechuhr-App schaltet sich aus und lässt sich nicht mehr öffnen.

Ich finde es unglaublich, was das bewirken kann. Für mich ist das wirklich ein Wunder. Auf einmal stelle ich fest, dass ich tatsächlich manchmal überhaupt keine Lust habe, irgendwas zu machen. Und mir ist auch wieder eingefallen, dass ich ein Recht dazu habe, gelegentlich nach dem Lustprinzip zu handeln, wie es so viele Leute ganz selbstverständlich tun. Ganz ehrlich, diesen einfachen Weg hatte ich nicht mehr auf dem Schirm. Deswegen ist es für mich nicht nur ein Zauberpruch, sondern eine Revolution. (Mein Revoluzzergeist ist also noch vorhanden! Nennt mich Harry Guevara. Oder Che Potter.)

Dazu hab ich keine Lust.

Fünf Wörter sind der Schlüssel zur Freiheit.

Der Fluss der endlosen Arbeit stoppt. Man kann in Ruhe auf die andere Seite gehen. Und da, wo man vorher kraftlos zusammengebrochen ist, eröffnet sich auf einmal das Land der unbegrenzten Möglichkeiten. Oder das Sonnendeck.

ES IST NIE ZU SPÄT, NICHTS ZU TUN

Man kann mit der Antwort »Dazu hab ich keine Lust« niemanden beeindrucken. Und es ist durchaus möglich, dass man damit jemanden enttäuscht. Aber das werden diejenigen schon verkraften.

Und die eigene Familie sollte verstehen, dass auch Mütter lediglich einen begrenzten Vorrat an Energie und einen eigenen Willen haben. Aus pädagogischer Sicht ist es sicher ebenfalls hilfreich, Kindern ab einem gewissen Alter klarzumachen, dass man a) keine Maschine ist, b) nicht rund um die Uhr zur Verfügung steht und c) sie durchaus in der Lage sind, Sachen selbst zu machen.

Klar, es ist bequemer, wenn Mama alles erledigt. Oder wenn Mama immer bereit ist, alles stehen und liegen zu lassen, um sich den Wünschen anderer anzupassen. Für alle anderen, außer die Mama eben.

Diese Dauerverfügbarkeit kenne ich sehr gut. Ich erledige meine Pflichten und freue mich darauf, mich hinzusetzen und die Zeitung zu lesen. Und dann kommt eines der Kinder und fragt, ob ich jetzt im Internet irgendwelche Hosen bestellen kann oder Schach spielen möchte oder zu dm fahren, Deo ist alle. Und wo ich früher selbstverständlich die Bedürfnisse meiner Kinder über meine gestellt hätte, denke ich jetzt erst nach, bevor ich automatisch aufspringe. Und wenn es gerade nicht passt, sage ich ehrlich: »Nein. Dazu hab ich jetzt keine Lust.«

Zauberspruch angewendet, und man hat seine wohlverdiente Ruhe. Und das Beste ist: Es ist kein Problem! Die Enttäuschung von anderen, die man so gefürchtet hat, ist oft gar nicht vorhanden. Die Welt bricht nicht zusammen. Alles läuft weiter. Was nur beweist, dass man sich selbst sehr lange völlig unnötig unter Druck gesetzt hat.

Das Besondere an der Anwendung des Zauberspruchs ist auch: Man hat die Chance, sich noch einmal selbst ganz neu kennenzulernen. Als Frau, die über ihren Tag selbst bestimmt. Natürlich wird dadurch die Ich-mach-es-allen-Recht-Hülle aufplatzen und darunter das wahre Ich zum Vorschein kommen. Vielleicht stutzt der eine oder andere, vielleicht muss sich die Familie in manchen Bereichen neu arrangieren.

Aber auf sich selbst zu hören, ehrlich zu seinen eigenen Bedürfnissen zu stehen und sie auch zu formulieren, bietet so viel Potenzial für Verbesserung. Wenn man achtsam mit der eigenen Kraft umgeht und sich selbst die Freiräume für Entspannung schafft, bleibt wieder mehr Energie für Sachen, die vielleicht vorher lange Zeit nicht möglich waren. Zum Beispiel Ausgeglichenheit und gute Laune. Dann hat man vielleicht wieder mehr Lust (und Kraft), abends auszugehen oder am Wochenende Ausflüge zu machen oder einfach abends lange zusammenzusitzen und zu quatschen.

Wenn man eine Tür schließt,
kann man die Fenster aufstoßen und richtig durchlüften.

Bekenntnisse einer uncoolen Frau in den besten Jahren, Wendepünktchen 3

28. Oktober

Bin eben nach Hause gekommen und hab sie gesehen: Die Kürbisköpfe und Geisterfiguren und illuminierten Totenschädel in den Eingängen. Bei uns in der Straße kann man die Jahreszeiten an der Dekoration erkennen. Luftschlangen im Februar, Ostereier in den Sträuchern im März, Gruseliges an Halloween, Laternen an Sankt Martin. Hab jetzt schon Angst vor Dezember. Lichterketten in allen Variationen: Lichtzapfen, Lichtervorhänge, Lichterschläuche, Lichterkaskaden, die die Fassaden heruntertropfen. Rotierende Farbtupfen, leuchtende Schneeflocken, blinkende Rentiere. Weihnachtsmänner, die am Fensterbrett hängen, Weihnachtsmänner auf LED-Schlitten, aufgeblasene Weihnachtsmänner in Gigantengröße, winkende Weihnachtsmänner. Wenn man nicht mitmacht, ist man der Außenseiter.

29. Oktober

Hab meine Bürgerpflicht erfüllt und eben ein fluoreszierendes Skelett in den Strauch gehängt. Bin dabei über einen tönernen Osterhasen samt Eiernest gestolpert, den ich doch vor kurzem erst dorthin gestellt hab. Dieser Jahreszeitenwechsel wird auch immer hektischer. Früher war man noch schlauer und hat sich einfach Gartenzwerge in den Vorgarten gestellt, die das ganze Jahr über dort wachten. Das waren noch entspannte Zeiten. Als ich den Hasen aufgehoben hab, hat er mich milde angelächelt, als ob er mir meine Vergesslichkeit verzeihen würde. Und wenn er das kann, kann ich es auch. Ich steig jetzt aus der Dekopflicht aus. Die Jahreszeiten kommen und gehen, auch wenn man sie nicht anlockt.

6. November

Hab eben aus lauter Jux und Dollerei die Dusche eben auf lauwarm gestellt, um meine Eisbade-Fähigkeiten zu überprüfen. Es fühlte sich gut an. Vor allem, als ich das Wasser wieder warm gestellt hab.

8. Januar

Von den Kollegen hab ich zum Geburtstag einen Gutschein bekommen. Für Zorbing. Auf dem Flyer, der dabei lag, waren riesige durchsichtige Gummibälle abgebildet, in die man offensichtlich reinklettern und einen Abhang runterkullern soll. Die Kollegen schauten mich begeistert an und Dirk meinte großspurig, das wäre total cool.

»Wollt ihr mich loswerden?«, hab ich gefragt und so getan, als hätte ich einen Scherz gemacht. »Was kommt als Nächstes? Ein Fass und die Niagarafälle?«

Hahaha. Alle lachten. Ich hab mich bedankt. (Hoffe ich jedenfalls. Einem geschenkten Gaul schaut man ja nicht auf die Hasenzähne.) Den Gutschein werde ich an eine meiner Nichten weiterreichen. Ich meine, mir wird schon schwindelig, wenn ich einen Purzelbaum mache. Im Wasser! An Land käme ich nicht mal mehr auf die Idee. Die Schwerkraft hat sich definitiv verändert. Ich denke, Newton sollte noch mal nachrechnen. Da stimmt was nicht mit seinen Gravitationsgesetzen.

12. Januar

War gestern bis in die Puppen wach. Bis halb zwölf. Wahnsinn!

WER BIN ICH – UND WENN JA, WARUM?

DIE SCHWERSTE ABIPRÜFUNG IST DAS TREFFEN DANACH

Um sich einen Überblick zu verschaffen, welche Altersmodelle überhaupt auf dem Markt vorhanden sind und wo man selbst einzupreisen ist, gibt es die perfekte Vergleichsgruppe. Die Leute, mit denen man seine Teenagerjahre verbracht hat: die ehemaligen Mitschüler.

Als ich die Einladung zum 30-jährigen Abitreffen las, schwappte eine Welle der Aufregung durch mich hindurch, als müsste ich auf dem Schulhof an den Jungs mit den Lederjacken und den Mädchen mit den Stulpen und den gekreppten Haaren vorbeigehen. Eine Ewigkeit ist das her und trotzdem ist das Gefühl von damals noch sehr lebendig: Das brennende Bewusstsein für die eigenen Unzulänglichkeiten angesichts der Gleichaltrigen, die für mich auf wundersame Weise cool und gefestigt wirkten. (Außer vielleicht Thomas Herborn mit seiner nervösen Lache und Karin Dill, die immer wieder weinend aus dem Unterricht rannte.)

Jetzt würde ich sie also wiedersehen. Beim zehnjährigen Abitreffen war ich nicht gewesen, das 20-jährige hatte nicht stattgefunden, weswegen es das erste Treffen nach drei Jahrzehnten wäre. Sofort schrieb ich an Silke und Nicole. Silke antwortete umgehend, dass sie nicht mitkommen würde. Warum, fragte ich zurück, das ist doch lustig. Keine halbe Minute später klingelte mein Telefon. »Lustig?«, keuchte Silke. »Daran ist nichts lustig.«

»Wieso? Du magst die Leute von früher doch. Jedenfalls einige.«

»Tu ich ja auch.«

»Und was ist dann das Problem?«

Silke druckste ein bisschen rum. »Ich seh eben nicht mehr so aus wie früher!«

Ich lachte. »Die anderen doch auch nicht!«

»Aber nicht jeder hat jetzt meine Kleidergröße.«

Ich war überrascht. »Ich dachte, du fühlst dich total wohl!«

»Natürlich fühle ich mich wohl!«, rief Silke heftig. »Aber doch nicht, wenn ich Leute von früher treffe!«

Ich verstand, was sie meinte. Man möchte bei einem solchen Wiedersehen *Was ist aus dir geworden?* gefragt werden. Und nicht die Frage *Was ist **nur** aus dir geworden?* von selbst beantworten.

»Aber jeder hat zugenommen seit dem Abi«, sagte ich.

»M bestimmt nicht«, fauchte Silke. »Diese blöde Kuh.«

M war eines der Mädchen aus der Kunst-AG mit knallrot gefärbten Haaren und lila Lippenstift. Eigentlich heißt sie Monika, aber da wir drei Monikas in der Stufe hatten, wurde sie M genannt. Es war wie ein Adelstitel der Coolness. Je kürzer der Spitzname, desto länger die Liste der Verehrer.

Wenn man es geschafft hatte, von ihr beachtet zu werden, fand man sie nett. Wenn man – wie die meisten von uns – von ihr ignoriert wurde, fand man sie arrogant und überheblich. Beneidet haben sie alle Mädchen. Für ihre mühelose Coolness und dafür, dass sie sogar noch hübsch aussah, wenn sie bei den Bundesjugendspielen in der Weitsprunggrube auf ihren Hintern plumpste und ihr glockenhelles Lachen ertönen ließ. (Während normale Leute rot anliefen und beschämt wegkrochen.)

Silke hasste M besonders, weil sie ihr auf der Zwölferfahrt nach Rom den Schwarm vor der Nase weggeschnappt hatte. Christoph von Hagen. Was Silke in ein Tal der Tränen und des Schokoladeneises führte, an dessen Ende ihre Lieblingsjeans nicht mehr passte. Silke hat M nie verziehen und Christoph von Hagen auch nicht, weil sie nur mit dem Rauchen angefangen hatte, um in der Pause bei ihm in der Raucherecke stehen zu können. »Und dann hat es sich nicht mal gelohnt«, hatte Silke sich immer wieder beschwert. »Anstatt der großen Liebe hab ich nur die große Nikotinsucht bekommen.« Immerhin hatte sie es vor ein paar Jahren geschafft, sich das Rauchen abzugewöhnen.

»Ein Grund mehr mitzukommen«, sagte ich jetzt zu Silke, »die Sucht hast du schon überwunden, fehlt nur noch, dass du das dazu passende Trauma hinter dir lässt.«

»Ich überleg es mir«, antwortete sie. »Mal gucken, wie viel ich bis dahin abnehmen kann.«

Klassenkameraden beeindrucken zu wollen, verliert offensichtlich nichts von seiner Dringlichkeit. Die Hackordnung der Stufe ist jedenfalls noch nach Jahrzehnten intakt.

Mir fiel die Vorbereitung auf das Abitreffen leicht. Da ich mich zu Schulzeiten schon irgendwo unauffällig im Mittelfeld getummelt hatte, brauchte ich jetzt auch keine besonderen Vorkehrungen zu treffen. Was mir mal wieder bestätigte: Mittelmäßigkeit ist die neue Großartigkeit.

Schließlich fiel auch Silke die Entscheidung mitzukommen leicht. Ich hatte M zufällig beim Shoppen gesehen, als sie in der Jackenabteilung telefonierte. Ich hatte sie nur an der Stimme erkannt und dem glockenhellen Lachen. Ihre Haarfarbe war jedenfalls kein Blickfang mehr. Sie war ganz normal straßenköterblond mit grauen Strähnen. »Ich hab sie nur aus der Entfernung gesehen, aber ich fand, sie sah ziemlich fertig aus«, berichtete ich.

»Wirklich?«, freute sich Silke. »Gut. Dann scheiß drauf. Ich komme mit.«

»Super«, grinste ich und fragte, wie viel Kilo sie geschafft hätte. »Ich wollte vier Kilo abnehmen«, antwortete Silke. »Fehlen nur noch fünf.«

WER SIND DIESE ALTEN LEUTE?

Es stellte sich raus, dass Silke vollkommen richtig entschieden hatte. Sorgen wegen ein paar Kilos mehr brauchte sich auf dem Abitreffen wirklich niemand machen. Wir saßen immer noch alle in einem Boot. Aber heute hatte fast jeder einen Rettungsring.

Wie alt man tatsächlich ist, merkt man an den Leuten von früher. Nur weil wir selbst jeden Tag mit unseren Falten und breiteren Gesichtern konfrontiert werden und uns längst daran gewöhnt haben, sehen wir für die anderen trotzdem genauso alt aus wie sie für uns. Sie sind wie ein Spiegel, der nicht nur den Ist-Zustand zeigt, sondern auch noch weit in die Vergangenheit zurückreicht. Das Vorher-Nachher-Bild. Als wir in die Kneipe reingingen, murmelte Nicole neben mir: »Wer sind diese alten Leute? Gehören wir wirklich dazu?«

Es ist verblüffend. Man kann sich so lange jung fühlen, bis man sieht, in welcher Altersklasse man wirklich gelandet ist. Auf einmal wurde ich doch nervös. Schließlich warf dieses Treffen automatisch die Fragen auf: Wo stehe ich im Leben? Bin ich so, wie andere es von mir erwarten? Bin ich die beste Version von mir? Was genau die Fragen waren, die ich mir zu Schulzeiten auch schon gestellt hatte.

Als wir uns die Namensschildchen aufpappten, nahm ich mir nur eines vor: Mir nicht blöd vorzukommen, wenn ich außer Silke und Nicole niemanden zum Quatschen fand. Was im Wesentlichen ebenfalls genau das war, was ich zu Schulzeiten schon gemacht hatte. Das Mädchen, das ich einmal war, ist also immer noch da. Hatte ich mich gar nicht geändert?

Eine Frau kam mit breitem Lächeln auf uns zu. Es war Tanja »Propaganda« Krug, schon damals die Herrscherin über alle möglichen Insiderinformationen. Sie kam sofort zur Sache und erzählte uns von Scheidungen, außergewöhnlichen und unterdurchschnittlichen Karrieren und dem tragischen Todesfall einer Mitschülerin. Kaum hatte sie ihren Vortrag beendet, eilte sie weiter, um beim Nächsten ihr Wissen zu verbreiten.

»Der macht das auch noch Spaß«, stellte Nicole fest.

Tja. Jeder beeindruckt so gut er kann.

Der Lärmpegel stieg auf einmal in unserer Umgebung.

»Rin in dr Kopp, et muss nit schmecke«, grölte Pitti alias Richard Petermann und schob sich, seinen Bierbauch und einen gefüllten Kölschkranz durch die Reihen. Er war früher ein lustiger Typ gewesen und auch nicht schlecht aussehend. Der Mittelpunkt jeder Party! Jetzt blieb er grinsend vor uns stehen und drückte jeder von uns ein Bierglas in die Hand. Und nahm sich selbst auch eines.

»Danke, Pitti«, sagte ich und wir stießen an. Ich überlegte, was ich zu ihm sagen könnte. Mein Blick fiel auf sein T-Shirt. Darauf stand: *Einer von uns beiden ist klüger als du.* Als ich wieder hochguckte, stellte er schon sein leeres Glas in den Kranz und schnappte sich das nächste. »Wir sind ja hier nicht auf einem Kindergeburtstag, Hey, Jochen, du Arsch«, rief er und drängte seinem ehemaligen Kumpel sofort ein Kölsch auf und schrie: »Los, auf ex!« Jochen guckte etwas überrumpelt und nahm einen Alibi-Schluck.

»Was bist du denn für eine Memme!«, beschwerte sich Pitti lautstark.

»Ich muss Auto fahren«, sagte Jochen. Pitti stutzte und entschied sich für ein dröhnendes Lachen. »Guter Witz!« Aber Jochen ließ sich von Pittis Masche nicht zum Mittrinken animieren, klopfte ihm einmal auf die Schulter und suchte sich andere Gesellschaft. Pitti blieb etwas verdutzt stehen. Ich fühlte mich auf einmal besser in meiner Uncoolness.

Man bleibt nicht jung, indem man sich an das Verhalten von früher klammert. Ein Mann näherte sich, von dem ich (wie bei so vielen hier) geschworen hätte, dass ich ihn noch nie in meinem Leben gesehen hab. Aber unter dem graumelierten Bart erkannte ich dann doch die Gesichtszüge von Michael Senfft. Er erklärte ohne Umschweife, dass er Chef von 200 Leuten war, und erläuterte mir seine Philosophie der Führungskraftqualitäten, die er als *Der Motivator* auch auf Youtube verbreitete.

Natürlich merkte ich, dass er mich beeindrucken wollte – und wirkte dadurch gleich weniger beeindruckend. Trotzdem überlegte ich, wie ich kontern konnte.

Vielleicht mit einem Zitat. Das finde ich richtig elegant. Wenn Leute beiläufig irgendwelche klugen Köpfe zitieren, geben sie sich selbst auch den Anschein von Klugheit, obwohl sie sich die nur ausgeborgt haben. Sehr schlau! Und so eine kleine coole Attitüde käme bestimmt gut. So ganz im Understatement-Bereich, meine ich.

»›Erfolg ist die Fähigkeit, von einem Misserfolg zum anderen zu gehen, ohne seine Begeisterung zu verlieren.‹ Churchill«, warf ich ein. Michaels Augen blitzten auf. »Nur wer selbst brennt, kann ein Feuer im anderen entfachen«, sagte er lächelnd. »Augustinus.«

Mist. Natürlich konnte ich einem Motivationsprofi mit solchen Sprüchen nicht kommen. »›Jede Tageszeit ist die richtige Zeit für Kuchen.‹ Pulp Fiction«, sagte ich und fügte schnell hinzu: »Ich muss mal dringend ... Ich wollte »zum Büfett« sagen, aber da war auf einmal ein Riesenhallo am Eingang. Es war M, die Einzug hielt. Mir stockte für einen Moment der Atem. Sie war offensichtlich beim Friseur gewesen und ich würde nicht ausschließen, dass noch andere Schönheitsprofis am Werk gewesen sind. Sie sah kein bisschen fertig aus. Im Gegenteil. Ihre Haare erstrahlten zwar nicht knallrot, aber das Weißblond war auch nicht gerade dezent. Sie trug eine kurze schwarze Lederjacke, eine hautenge Hose und kniehohe Stiefel. Aus der Entfernung hätte sie auch 30 sein können. Die umsatzstärksten Zeiten für die Schönheitsindustrie sind die Oscarverleihungen und Abitreffen.

»Verstehe«, sagte Michael Senfft komplizenhaft, »hat meine Frau auch.«

Ich hatte ihn für einen Moment ganz vergessen und guckte ihn verwirrt an. »Probleme mit dem Beckenboden«, fügte er als Erklärung hinzu, steckte sein Handy weg und fing an, von seinem Bandscheibenvorfall zu erzählen und von den Schwierigkeiten mit seinem widerspenstigen Sohn. Das Gespräch wurde auf einmal richtig nett. Als wir uns ans Kuchenbüfett verlagerten, kamen noch zwei Frauen dazu, mit denen ich Pädagogik-LK gehabt hatte. Wir unterhielten uns über die ganz normalen Dinge, die einen beschäftigen, Arbeit, Kinder, die schon fast keine Kinder mehr sind, hilfebedürftige Eltern und wie sich das Leben verändert hat. Dazwischen hörte ich immer wieder das glockenhelle Lachen von M, das durch den Raum schallte, aber gar nicht mehr so glockenhell klang, sondern angestrengt und ein bisschen schrill. Als ich sie später an der Theke traf, sprach sie mich an. Obwohl ich geschworen hätte, dass sie sich nicht an mich erinnern würde, wusste sie sofort, wer ich war. Sie erzählte von ihrem Job, für den sie zwischen Shanghai und Hamburg hin und her jettet. Ihr Teint war makellos und die silbernen Ohrringen blitzten. Während sie redete, stellte ich fest, dass jegliche Bewunderung sich aufgelöst hatte. Es war mir egal, wie erfolgreich und schön sie war. Ich gönnte es ihr!

Auf einmal sagte M: »Schade, dass wir damals nie so viel miteinander zu tun hatten. Ich fand dich immer nett. Und Silke und Nicole auch. Ihr wart so ein lustiges Trio.«

Eine überraschende Wendung. Wir unterhielten uns noch eine Weile. Auch Silke und Nicole kamen dazu. Als M draußen eine rauchen gehen wollte, verabschiedeten wir uns von ihr. Das Letzte, was wir aus dem Stimmengewirr unserer ehemaligen Mitschüler hörten, war Pitti. »Eure Hackfressen kann man doch sowieso nur besoffen ertragen«, grölte er.

Wir lachten und machten uns auf den Heimweg. Silke war versöhnt mit M und mit der Welt. Und auch ich hatte ein warmes Gefühl im Bauch.

Ich hatte mich nicht getäuscht. Das Mädchen, das ich mal war, ist noch da. Aber nur deswegen konnte ich die Frau werden, die ich jetzt bin. Ich bin mir nicht mehr nur meiner eigenen Unzulänglichkeiten bewusst, sondern auch der vielen positiven Eigenschaften und meiner inneren Stärke. Manchmal hat man schon längst gefunden, was man noch zu suchen glaubte.

OSCARREIFE LEISTUNG!

»Die ganze Welt ist eine Bühne, und alle Männer und Frauen sind nur Spieler«, sagte Shakespeare. Das Zitat des englischen Dramatikers ist so aktuell wie vor 400 Jahren. Wir übernehmen jeden Tag verschiedene Rollen und überzeugen unser Publikum so erfolgreich wie Jennifer Lawrence oder Meryl Streep. Das Phänomen der Rollen untersuchen Soziologen seit Jahrzehnten. Die Rollentheorie wird dabei immer wieder überarbeitet und neu interpretiert wird.

Die Rollen, die man in seinem Leben einnimmt, variieren je nach Umfeld und Situation. Dabei gibt es zugeschriebene Rollen, die unveränderbar sind (zum Beispiel Alter, Hautfarbe, Herkunft). Hinzu kommen erworbene Positionen in Beruf, Partnerschaft, Familie, Gemeinschaft, die einem eine Rolle zuweisen: Kollegin, Mutter, Ehefrau.

Als ich darüber nachdachte, war meine erste Reaktion: Moment mal, ich bin doch immer ich, die Hauptdarstellerin in meiner Telenovela. Klar, das bin ich auch. Aber jedes Ich hat verschiedene Facetten.

Da muss ich nur einen Blick in meinen Schrank werfen. Jedes Kleidungsstück hat seine Einsatzmöglichkeiten. Sie sind sozusagen die Kostüme des Alltags. Es gibt passende Kleidung für berufliche Auftritte, für private Feiern, für Sport und Urlaub und für festliche Gelegenheiten. Es gibt die Blusen, die man zum Besuch bei den Schwiegereltern anzieht, und das Metallica-T-Shirt, das man zum Grillen mit Freunden überstreift. Ich passe mein Kostüm also an die Gegebenheiten an. Wenn ich bei der Bank einen Kredit beantrage, trage ich eher nicht das rosafarbene Hello-Kitty-Sweatshirt, obwohl ich es sehr liebe und auch finde, dass es meine Persönlichkeit perfekt widerspiegelt. (Was der Bankmitarbeiter aber nicht unbedingt wissen muss. Für die Kreditwürdigkeit zählen erstaunlicherweise andere Werte.) Das Kostüm unterstreicht also die Persönlichkeit, die wir auf der jeweiligen Bühne präsentieren wollen. Das wird umso logischer, wenn man sich die Kleidung für verschiedene Berufsgruppen anschaut. Eine Ärztin trägt einen weißen Kittel, der Richter eine Robe, die Schornsteinfegerin kommt in Schwarz.

Das wesentliche Merkmal einer Rolle sind die an sie geknüpften Erwartungen. Die entsprechen dem Rollenbild. Von einem Polizisten erwartet man zum Beispiel ein anderes Verhalten als von einem Zirkusclown. Über einen Clown, der einen auf der Straße nachäfft, würde man vielleicht lachen. Bei dem Polizisten würde das gleiche Verhalten ganz anders bewertet und unangenehme Konsequenzen für ihn nach sich ziehen. Sobald beide aber in Zivil erscheinen, lösen sich die an die berufliche Position geknüpften Erwartungen auf und werden durch andere ersetzt.

Zu jeder Rolle gehören also bestimmte Verhaltensmuster, auf die man sich selbst und auf die sich andere verlassen können. Das erleichtert das Zusammenleben, weil man weiß, was man von einer anderen Person zu erwarten hat.

Wenn mich in der Bahn irgendjemand anquatscht, ich solle mal meinen Fahrschein zeigen, wäre ich irritiert. Wenn diejenige eine Schaffneruniform trägt, weiß ich, dass sie eine Berechtigung hat, meinen Fahrschein zu sehen. Wenn ich als Journalistin kritische oder sehr persönliche Fragen stelle, gehört das zum Job. Wenn ich das als Privatperson machen würde, könnte es als aufdringlich und respektlos verstanden werden. Das will ich natürlich nicht. Weswegen ich das in privaten Unterhaltungen auch lasse.

Der wichtigste Grund also für das Einhalten einer Rolle ist, negative Reaktionen von anderen zu vermeiden. Wenn ich mich weigere, der Schaffnerin meinen Fahrschein zu zeigen, würde sie mich wegen Schwarzfahrens anzeigen. Schwups hätte ich eine Straftat begangen. Wenn ich ihr mürrisch den Fahrschein hinhalte, habe ich die Erwartungen an einen durchschnittlichen Fahrgast erfüllt. Wenn ich freundlich bin und noch ein paar nette Worte sage, habe ich die Erwartungen sogar übertroffen. Sie lächelt mich vielleicht an und erzählt irgendeine Anekdote, was ebenfalls meine Erwartungen an eine normale Schaffnerin übertreffen würde.

Rollen sind also nicht bis ins Detail festgelegt. Es gibt immer einen Spielraum in einem vorgegebenen Rahmen. Man hat Möglichkeiten zur Interpretation. Quasi der Aszendent zum Sternzeichen.

Mütter und Väter sind für das Wohlergehen und die Erziehung ihrer Kinder zuständig. Wie diese erzogen und umsorgt werden, ist Auslegungssache: Die Spannweite reicht von antiautoritär bis zur klammernden Helikopter-Glucke.

Als Hausfrau oder Hausmann bin ich dafür zuständig, dass das Haus sauber ist. Wie sauber sauber ist, darüber gibt es verschiedene Ansichten: Bei manchen blitzt und glänzt es und riecht nach Desinfektionsmitteln, bei anderen darf es bei jedem Schritt in der Küche knirschen. Das Tolle daran ist:

Rollen unterliegen einem Wandel. Man kann sich und seine Rollen weiterentwickeln und hat jederzeit die Möglichkeit, sie neu zu interpretieren.

DAS LEBEN IST WIE KLOPAPIER.
MANCHMAL MUSS MAN DIE ROLLE WECHSELN

Wie man seine jeweilige Rolle interpretiert und ausfüllt, hat etwas mit der Persönlichkeit zu tun. Mit Charakter, Temperament, Selbstbild. Und mit der Sozialisation, also wie man aufgewachsen ist und was man erlernt hat. Dabei sind die Reaktionen von anderen auf das eigene Handeln prägend. Ablehnung oder andere negative Folgen beeinflussen genauso wie Lob und Anerkennung.

Wenn ich zum Beispiel meine Meinung frei äußere und dafür ausgelacht werde, werde ich vermutlich dieser Person gegenüber zukünftig meine Ansichten zurückhalten (oder gar nicht mehr mit ihr reden). Wenn ich als Kind schon gelernt habe, dass meine Meinung lachhaft ist, prägt mich das vermutlich fürs ganze Leben. Negative Reaktionen sind insgesamt viel stärker lenkend als positive. Das kenne auch ich sehr gut. Lieber nicht auffallen als anecken. Lieber underdressed als overdressed. Lieber ja sagen als widersprechen und einen Konflikt heraufbeschwören.

Aber natürlich verstärken auch positive Reaktionen das eigene Verhalten. Wenn ich zum Beispiel für meine Hilfsbereitschaft besonders viel Lob bekomme, werde ich mit großer Wahrscheinlichkeit auch in Zukunft meine Hilfe anbieten.

Dann kann es passieren, dass ich irgendwann die Rolle »die, die nie nein sagt« übernommen habe. Denn – und das ist der spannende Part – es ist nicht so, dass man sich jede Rolle freiwillig aussucht. Im Gegenteil: Viele Rollen erlernt man unbewusst und schleppt sie jahrzehntelang mit sich rum.

Es gab kein offizielles Casting für den Part »die, die in der Happy Hour Margarita bestellt«. Diese Rolle habe ich mir offensichtlich im Laufe der Zeit angeeignet oder eben aufgedrängt bekommen. Sie ist wahrscheinlich eine Nebenrolle von »die, die mit ihren Freundinnen so feiert wie früher«.

Es gibt noch weitere bewusste und unbewusste Haupt-, Neben- und Statistenrollen. Das können zum Beispiel sein:

- die Mutter, die immer bereitsteht
- die durchsetzungsfähige Karrierefrau
- die Ökotante, die Verzicht für eine Bürgerpflicht hält
- die Freundin, die sich stundenlang die Probleme anderer anhört

- die Camperin, der auch Mücken und Spinnen nichts ausmachen
- die Fashionista, die nur die neueste Mode trägt
- die Freundin, die immer die Initiative ergreift
- die Vorgesetzte mit der 60-Stunden-Woche, die stets mit gutem Beispiel vorangeht
- die Partynudel, die mitbechert
- die Handwerks-Queen, die alles eigenhändig repariert
- die perfekte Gastgeberin
- die Unkomplizierte, die immer kompromissbereit ist
- die gute (oder vielleicht sogar bessere) Tochter
- die immer gut gelaunte Frau
- die Radfahrerin, die bei Wind und Wetter das Auto stehen lässt

- der Freund, der immer mit anpackt
- der Mann, der für jeden Spaß zu haben ist
- der Charmeur, der Komplimente macht
- der Fitnessgott
- der Veganer
- der Ratgeber, den nichts aus der Ruhe bringt
- der Fußballfan, der für seinen Verein alles stehen und liegen lässt
- der Kollege, der nie nein sagt
- der Elternvertreter, der bei jedem Martinszug und jedem Sportfest und in der Bücherei und dem Spielehaus mithilft
- der Ehemann, der seiner Frau jeden Wunsch von den Lippen abliest
- der Smalltalk-König
- der Vater, der stundenlang vorliest

Ob man eine Rolle spielt oder tatsächlich authentisch ist, kann man manchmal gar nicht mehr sagen. Wenn man seit Jahren oder Jahrzehnten Menschen auf eine bestimmte Art begegnet ist, ist es nicht leicht zu unterscheiden, ob das eigene Verhalten einstudiert ist oder der tatsächlichen aktuellen Gefühlslage entspricht. Ist es mein wahres Ich oder das Idealbild, das ich sein möchte? Spreche ich meinen eigenen Text aus dem Herzen oder plappere ich nach, was die Regisseurin Erwartungshaltung mir vorgibt? Bin ich frei oder eine Gefangene meiner Rolle?

Das weiß man oft so lange nicht, bis man das Bedürfnis hat, seinen Text zu ändern. Weil er nicht mehr der inneren Haltung entspricht. Oder weil er in Konflikt gerät mit einer der anderen Rollen, die man ebenfalls innehat. Das klingt auf den ersten Blick vielleicht ein bisschen verrückt, aber die verschiedenen Rollen, die man hat, können nämlich aneinandergeraten – was eine klassische Zwickmühle mit sich bringt. Man gerät in einen Zwiespalt.

Beispiel: Lärm aus dem Nachbargarten.

Rolle 1: Die nette, verständnisvolle, tolerante Nachbarin.

Rolle 2: Eine Frau, die für ihre Bedürfnisse einsteht und nicht jeden Abend mit Schlagern beschallt werden möchte.

Für eine von beiden Rollen muss ich mich entscheiden. Bitte ich freundlich um Ruhe oder ertrage ich den Lärm?

Außerdem können meine verschiedenen Rollen auch mit anderen Personen in Konflikt geraten. Wenn ich einen Abgabetermin habe für ein Buch und auch am Wochenende arbeiten müsste, ich dann aber mit meiner Familie Sachen unternehmen will, muss die Autorin mit der Ehefrau und Mutter einen Deal aushandeln. Wenn ich meiner Tochter bei den Hausaufgaben helfen soll, aber eigentlich meiner Tante schon lange einen Besuch versprochen hatte, muss ich mir überlegen, wie ich beiden Rollen gerecht werden kann. Oder ich muss einen von beiden enttäuschen.

Mit anderen Worten: Die Sache mit den Rollen ist kompliziert. Aber das war ja zu erwarten.

Das Leben ist schön. Von einfach war nie die Rede.

AB DAMIT IN DIE ALTROLLENSAMMLUNG!

Wenn wir eine Rolle viele Jahre oder Jahrzehnte innehaben, spulen wir unseren Text herunter, ohne dass wir darüber nachdenken müssen. So lange, wie das Spaß macht und man die Rolle mit Überzeugung spielen kann, macht sie das Leben leichter. Weil man weiß, wie es geht. Weil man seine gewohnten Verhaltensmuster hat und nicht ständig neu darüber nachdenken muss, wie man jetzt handeln soll. Weil man damit Erfolg hat.

Die Probleme fangen dann an, wenn man einer Rolle überdrüssig geworden ist und sie am liebsten ablegen möchte.

Dann wird man vielleicht auf Widerstand stoßen, weil man die Erwartungshaltung anderer enttäuscht.

Bei Künstlern ist das sehr einleuchtend nachvollziehbar: Wenn Hape Kerkeling irgendwo auftritt, erwarten sehr viele immer noch, Horst Schlämmer zu sehen zu bekommen, obwohl Hape den grauen Mantel schon lange an den Nagel gehängt hat. Berühmte Bands müssen auf Konzerten die alten Hits spielen, sonst ist das Publikum unzufrieden. Wenn eine Rockband bei einem Auftritt gar Gitarren gegen Klarinette und Querflöte tauscht, werden wohl viele ihr Geld zurückverlangen.

Eine Rolle abzulegen und sich von den Erwartungen zu lösen, ist deswegen gar nicht so leicht. Es handelt sich eben nicht um ein altes Minikleid aus Goldlamé, in dem man heute aussehen würde wie eine weihnachtliche Presswurst, weswegen sonnenklar ist, dass es in die Altkleidersammlung gehört.

Aber genauso, wie man ab und zu seinen Kleiderschrank aufräumt und Klamotten ausrangiert, kann man die verschiedenen Rollen auf Aktualität überprüfen.

Und was nicht mehr passt, kann in die Altrollensammlung.

Dann muss man sich nur noch mit seiner Umwelt auseinandersetzen und sie dazu bringen, das zu akzeptieren. Das ist gar nicht so einfach.

Ich bin zum Beispiel jemand, der sich über jedes Geschenk freut, ob es mir nun wirklich gefällt oder nicht. Weil die Geste zählt und nicht das Objekt. Das ist in der Regel auch eine gute Sache und eine Rolle, die ich sehr gerne übernehme: die Dankbare. Leider hab ich es damit einmal übertrieben, als ich von meiner Tante zum Geburtstag eine Eule aus Ton bekommen habe. Ich habe natürlich behauptet, dass ich sie schön fände. Was meine Tante zum Anlass nahm, mir im nächsten Jahr wieder eine Eule zu schenken. Dann sprach sich in der Verwandtschaft rum, dass ich Eulen sammle. Das tu ich auch. In einem großen Karton in der Garage. Ich habe irgendwie gewartet, dass die Sache in Vergessenheit gerät. Meine Tante ist zwar schon klapprig, aber geistig immer noch auf Zack. Meine angebliche

Sammelleidenschaft hat sich jedenfalls tief in ihr Langzeitgedächtnis eingegraben. Sie vergisst nie, mir eine neue originelle Uhu-Scheußlichkeit zu schenken.

Aber ich möchte nicht mehr die Eulensammlerin sein. Ich hab sie angerufen und ein bisschen rumgedruckst und dann ganz freundlich meine Eulensammlung für komplett erklärt.

»Das ist gut«, rief meine Tante und ich atmete auf. Für einen kurzen Moment. Denn sie sprach schon weiter: »Im Augenblick sind sowieso Flamingos modern. Und Faultiere. Es gibt wirklich überall sehr schöne Faultiere.«

Ich bekam eine Gänsehaut. »Ach«, sagte ich schnell. »Ich brauche eigentlich gar nichts. Ich hab eh alles. Hauptsache, du kommst zum Kaffeetrinken.«

»Keine Sorge«, sagte meine Tante. »Mir wird schon was Lustiges einfallen.« Offensichtlich liebt sie ihre Rolle »Die, die Spaßgeschenke macht«. Und da will ich kein Spielverderber sein. Was immer sie mir bringt, ich werde mich drüber freuen, habe ich mir vorgenommen. Solange es keine Eule ist.

Auch mit meinen Freundinnen Silke und Nicole habe ich gesprochen. Wegen der Ingwertee-Affäre. Ich will nicht mehr die sein, die in der Happy Hour automatisch Margarita bestellt und immer so feiert wie früher. Diese Rolle möchte ich bitte in die Altrollensammlung stecken. Dabei habe ich das Thema Happy Hour mit Ingwertee noch mal aufgegriffen und erklärt, wie ich mich gefühlt habe. Und dass sich manche Sachen eben ändern. Ich möchte die sein, die sich einen Ingwertee bestellt, wenn ihr danach ist. Und wenn ich bei meinen Freundinnen nicht so sein kann, wie ich (geworden) bin, wo dann?

»Wir haben doch nur die Späße gemacht, die wir immer machen«, hat Nicole betroffen gesagt. »Natürlich hättest du deinen Tee trinken können.« Und dann hat sie hinzugefügt: »Hätte ich vielleicht auch gemacht, wenn ich das gewusst hätte.«

»Wenn du *was* gewusst hättest?«, fragte ich nach.

»Dass das «, sie zögerte, »möglich wäre.«

Das hatte ich noch gar nicht in Betracht gezogen: dass die Mitspieler des ewig gleichen Textes vielleicht genauso überdrüssig sind und nur aus einer gemeinsamen Vergangenheit heraus so agieren, wie sie es schon immer getan haben. Wenn wir unsere Rollen ändern, hat das Auswirkungen auf das ganze Skript. Die anderen wollen vielleicht auch nicht mehr den gewohnten Text sprechen. Und zwingen ihre Regisseurinnen ebenfalls, dazu, das Stück neu zu schreiben.

Neuland, Vol. 3

Alles schon gesehen, alles schon gehabt? Von wegen. Auch auf dem Sonnendeck gibt es haufenweise Sachen, die man noch nie gemacht hat. Und auch im besten Alter spürt man sie noch: die prickelnde Vorfreude auf das erste Mal. Zum Beispiel beim

Essensverbot im Auto

Während man früher ganze Müllhalden rumkutschiert hat und nur mäkelig wurde, wenn die Mitfahrer es nicht schafften, die Köpfe zum Kotzen ganz aus dem Fenster zu strecken, beäugt man es irgendwann sehr kritisch, wenn im Auto krümel- oder fleckenproduzierende Lebensmittel verspeist werden. Besonders, wenn man Kinder hat, die von der komplexen Problemstellung der Handhabung eines Innenraumstaubsaugers noch keine Ahnung haben und denen Flecken auf dem Polster unerklärlicherweise komplett wurscht sind.

Anfangs begnügt man sich damit, den Fahrtproviant nach Brösel- und Schmierfaktor auszusuchen. Keine Butterkekse, nur weiche Milchbrötchen. Knäckebrot – never, Toastbrot (ungetoastet) okay. Gerne Apfelschnitze und Gurkenscheiben. Auf keinen Fall Schokoladenhaltiges.

Doch irgendwann merkt man, dass auch die penibelste Lebensmittelauswahl nicht verhindert, dass atomisierte Überreste auf das Sitzpolster gelangen, wo sie dann in Kombination mit der Körperwärme in das Textil einziehen.

Dann ist es so weit: Das generelle Essverbot naht! Und damit ist endlich die Frage beantwortet, warum es Leute gibt, die an Autobahnraststätten tatsächlich essen gehen. Deswegen also! Der Aha-Effekt über diese Erkenntnis zaubert einem ein Lächeln aufs Gesicht. Endlich ein Mysterium weniger und der Altersweisheit einen Schritt näher!

Bekenntnisse einer uncoolen Frau in den besten Jahren, Wendepünktchen 4

7. September

Ich habe eine neue Erzfeindin. Sie wohnt in meinem Haus.

Anja hat mir schon vor einem Jahr prophezeit, dass es losgeht und sie durchdreht. Dabei flackerten ihre Augen ängstlich in alle Richtungen, als würde sie auf der Gartenterrasse von Da Pino von einem schrecklichen Monster bedroht.

»Dass wer durchdreht?«, wollte ich wissen, spießte eine dicke Scheibe Mozzarella auf meine Gabel und schob sie genüsslich in den Mund, was Anja mit einer Mischung aus Entsetzen und Neid beobachtete.

»Die Waage«, hat sie atemlos geflüstert, als dürfte sie den Namen nicht laut aussprechen, weil ES sonst zum Leben erweckt wird. Ich lachte. Wird schon nicht so schlimm sein mit dem Zunehmen, hab ich damals noch naiv gedacht. Mache ich eben mehr Sport.

Ich hatte ja keine Ahnung, mit wem ich es zu tun bekomme.

Jetzt weiß ich es.

Vor einem halben Jahr ungefähr hat sie angefangen mit ihren psychopathischen Spielchen.

Ganz normal gegessen = ein Kilo mehr.

Wenig gegessen = auch ein Kilo mehr.

Eine Stunde gewalkt und wenig gegessen = 100 Gramm weniger.

Zehn Kilometer gewalkt, mit dem Rad beim Blumenladen gewesen und eine halbe Stunde Vinyasa-Yoga = 500 Gramm mehr.

Zwölf Kilometer gewalkt, mit dem Rad beim Biohof gewesen, eine halbe Stunde Vinyasa-Yoga und abends nur Salat = und sie zischt: »Hahahahaha, und du glaubst, das interessiert mich?« und spuckt mir wieder irgendeine absurde Zahl ins Gesicht.

Drei Stunden Powerwalking, Dinner gecancelt?

»Hohohohoho«, dröhnt mir das Joker-Lachen entgegen. »Lass dir was Besseres einfallen, um mich zu beeindrucken.«

Ich fühle mich wie eine Kommissarin, die an einen Serienkiller geraten ist, der es liebt, die Polizei an der Nase herumzuführen. Grausame Welt!

18. Oktober

Frauenabend mit Anja und ein paar ehemaligen Kolleginnen im Restaurant. Alle trinken Apfelschorle oder Jasmintee. Die Gerichte, die wir bestellen, werden auch immer kleiner. *#VerdammteWechseljahre*. Habe mittlerweile nachgelesen, dass der Eisprung 300 Kalorien verbraucht. Täglich! Das sind 2100 Kalorien PRO WOCHE. Die Kalorienmenge von einem ganzen Tag – weg, aufgelöst, für immer vorbei. Die Frage von früher »Wo steckst du das alles hin?« beantwortet man jetzt ohne Worte. Die Gelassenheit nimmt zu, die Kleidergröße auch. Willkommen in den besten Jahren.

13. November

Wassereinlagerungen hatten früher nur was mit Vorratshaltung zu tun. Jetzt stecken sie mit der Waage unter einer Decke und halten mich zum Narren. Was muss man sich alles gefallen lassen!

17. November

Ab heute wird zurückgeschlagen. Trinke jetzt Brennnesseltee. Und lege Pinkelpausen auf dem Weg in den Keller ein.

20. Dezember

Hab mir mal wieder eine Kanne Brennnesseltee gemacht. Fühle mich mittlerweile in der Welt der Oma-Getränke zuhause. Ich freu mich schon. Im nächsten Level wartet der Eierlikör. *#Alwayslookonthebrightside*

27. Dezember

Das ist das beste Weihnachtsgeschenk aller Zeiten. Ich hab ein Kilo abgenomme (von denen, die sich langsam draufgeschlichen habe).

27. Dezember, später

Aber wie kann das sein? Ich meine, es ist Weihnachten!

Ist das etwa unerklärlicher Gewichtsverlust?

Kaum nimmt man mal was ab, kriegt man auch die Panik.

DIE HEILSAME WIRKUNG

DER GELASSENHEIT

GAMECHANGER AN JEDER ECKE

Als mir meine Ärztin das erste Mal ein Stuhlproben-Kit über den Tisch schob, wusste ich, jetzt fängt der Ernst des Lebens an. Schluss mit dem unbekümmerten Aufschieben von Gesundheitsmaßnahmen. Kampf den Zivilisationskrankheiten!

Denn so viel ist mir klar: Bisher hatte ich einfach nur Glück gehabt. Aber auf das Glück allein kann ich mich jetzt nicht mehr verlassen. Es ist Zeit zu handeln! Ich möchte möglichst lange auf dem Sonnendeck entspannen. Und zwar auf die beste Art und Weise – nämlich gesund. Aber das ist ja kein Problem. Man muss sich nur an 87.623 Vorschriften halten, dann wird das schon.

Wenn man sich die Liste der Ratgeber und Artikel zum besseren Leben anschaut, bekommt man fast den Eindruck, man wäre selbst schuld, wenn man nicht erfolgreich und zufrieden und mit sich im Einklang ist und einen guten Blutdruck und kalkfreie Arterien hat. Jeden Tag kannst du dein Leben ändern.

Wähle den Gamechanger!

Das Problem ist, dass es so unfassbar viele, teilweise konkurrierende Ratschläge gibt, wie man gesund, entspannt und glücklich wird. Sei aktiv! Atme besser! Iss mehr Hülsenfrüchte! Marschiere 10.000 Schritte pro Tag und 4000 davon schnell und 258 rückwärts. Trainiere dein Gedächtnis mit Gehirnjogging! Dehne die Faszien, verzichte auf Milch, Weißmehl, Zucker und Fleisch. Oder iss Fleisch in rauen Mengen und nenne es Paleo, das ist auch top. Geh Eisschwimmen, in die Sauna, in den Wald. Trink grünen Tee, trink Kaffee, trink besser keinen Kaffee. Trink jeden Tag ein Glas Wein, trink besser gar keinen Alkohol. Nimm Nahrungsergänzungsmittel, nimm auf keinen Fall welche! Gib dem Kind in dir eine Heimat, finde dich selbst, sorg für Hygge, bleib gelassen, sei achtsam, sei ganz du selbst, fühl dich wohl in deiner Haut, sei glücklich und entspannt und vor allem: Genieß verdammt noch mal den Moment, ja, genau diesen jetzt und hier – hach, wieder eine Chance vertan.

Ehrlich.

> Ich würde mich ja entspannen, wenn mir
> nicht dauernd einer sagen würde, dass ich das machen soll!

Und auf welche Art und Weise. Diese ganzen Optimierungsmöglichkeiten machen mich ganz schwindelig. Wie eine Speisekarte mit 150 Gerichten. Viel zu viel Auswahl.

Natürlich versuche ich es trotzdem. Ich will es nicht nur gut machen. Sondern besser! Mich selbst beeindrucken mit einer makellosen Gesundheitsbilanz. 6000 Schritte Minimum pro Tag. Abends keine Kohlenhydrate. Wein in homöopathischen Dosen. Leinöl. Vitamin D. Atemübungen. Nasensalbe. Nebelfeuchtes Wischen gegen Feinstaub. Grünlilien, Einblatt und Efeutute, um die Zimmerluft von Schadstoffen zu reinigen. Yoga. Autogenes Training. Rohkost. Linsen. Rückengymnastik. Gesund zu bleiben, ist ein Fulltime-Job. Man kann sich den ganzen Tag damit beschäftigen. Und dann noch gesünder werden!

Mit Intervallfasten zum Beispiel. Scheint ja nach der aktuellen Forschung *das* Geheimrezept fürs Abnehmen, Jung- und Gesundbleiben. Killt all die kaputten Zellen und den brutal gefährlichen Bauchspeck und bekämpft sogar Coronaviren. Super! Musste ich sofort ausprobieren. Hat auch gut geklappt. Als mein Mann von der Arbeit kam, lauerte ich am Küchenfenster, immer mit Blick auf die Uhr. Ich hatte ihn schon während der Fahrt dauernd nach seiner *estimated time of arrival* gefragt. Ich hatte alles vorbereitet und den Tisch gedeckt. »Essen ist fertig«, rief ich, als er gerade zur Tür reinkam.

»Wie jetzt? Wir haben nicht mal sechs Uhr«, sagte er verwirrt, während er seine Jacke auszog. Ich trug die dampfenden Teller zum Esstisch, während er sich die Hände wusch. Kaum hatte er sich gesetzt, fing ich an zu schaufeln. »Was ist denn mit dir los?«, fragte er.

»Nur noch zehn Minuten«, nuschelte ich mit vollem Mund, »dann läuft meine Zeit ab.«

»Wie, dann läuft deine Zeit ab?«

»Ich hab vor sieben Stunden und 50 Minuten angefangen zu essen. Nach acht Stunden ist Schluss.«

»Du hast acht Stunden lang gegessen?«

»Hahahaha. Nein, natürlich nicht.« Ich erklärte ihm das Prinzip 16 zu acht. 16 Stunden Fasten, acht Stunden Zeitfenster für die Nahrungsaufnahme. Er zog die Augenbrauen hoch und atmete tief durch. Dann sagte er: »Was für ein Blödsinn.« Und aß in aller Ruhe seine Spaghetti. Während mir der Bauch zwickte, weil ich so geschlungen hatte. Abends kann ich nicht nichts essen, aus sozialen Gründen. Morgens kann ich nicht nichts essen, weil ich ohne Frühstück nur ein halber Mensch bin. Was soll ich sagen: Intervallfasten ist toll! Würde ich auf jeden Fall machen. Wenn ich alleine auf einer einsamen Insel leben würde.

Oder Tai-Chi! Gilt auch als sehr gesund. Habe ich probiert, war gut. Hat nur meinem Meniskus nicht gefallen. (Oder was auch immer sonst da so gezwickt hat.)

Meditieren – auch ganz vorne dabei in Sachen Gesundheit. Ich finde das klasse, aber dieser verdammte Schneidersitz ist eine Qual. Jetzt meditiere ich im Liegen. (Ich könnte es auch Nickerchen nennen, aber meditieren klingt nun mal viel cooler.)

Ja, ich nehme es mit meiner Gesundheitsvorsorge sehr genau.

Und esse jetzt auch Weizenkeime. Nikos hat mir von diesem Superfood vorgeschwärmt, das den Alterungsprozess verlangsamt. Weizenkeime enthalten nämlich einen Stoff, der – jetzt kommt's – Spermidin heißt. Und ja, das hat was damit zu tun. Im Sperma wurde es nämlich zuerst entdeckt. Aber egal – es soll super für die Zellen sein. Deswegen schütte ich mir reichlich davon ins Müsli. Maß genommen mit: viel hilft viel.

Und ich dehne mich auch regelmäßig. Früher dachte man ja, es wären die verschlissenen Gelenke, die einen piesacken. Heute heißt es: Es sind die Faszien, die Muskelhüllen, die verkleben und verfilzen (und welche drastischen Adjektive noch dafür auf dem Markt sind). Behaupten jedenfalls diverse Internetgurus. Ich finde das super: Man muss nicht mehr wegen jeder Kleinigkeit zum Arzt rennen, sondern kann sich mit Hilfe des Internets selbst diagnostizieren. Ich bin jedenfalls Hobby-Orthopädin und heize meiner Piriformis-Faszie ordentlich ein, damit diese lästige Ischiasnerv-Sache mal endlich aufhört. (Ich bin kurz davor, mir mein eigenes Medizin-Diplom zu verleihen.)

Ich hatte morgens also ordentlich gedehnt und fühlte mich auf dem Weg in die Redaktion richtig gut, weil ich dem Alterungsprozess schon wieder erfolgreich ein Schnippchen geschlagen hatte. Erst als ich mich an den Schreibtisch setzte, merkte ich, wie es im unteren Rücken auf einmal stach und ein heißer Draht das linke Bein runterzog. Es tat noch mehr weh als sonst. Wie bitte?

Anja kam rein und ich wollte ihr gerade mein Leid klagen, da ließ sie sich auf ihren Stuhl fallen und sackte dort zusammen.

»Alles in Ordnung?«, fragte ich. »Du siehst irgendwie blass aus.«

»Falls ich ohnmächtig werde«, sagte sie bebend, »dann sag dem Notarzt, es ist eine Blausäurevergiftung.«

»Wie, Blausäurevergiftung?«, rief ich entsetzt.

»Es war ein Versehen«, hauchte Anja, »ich wollte das gar nicht und ich wusste es auch nicht und jetzt …« Ihre Stimme stockte.

»Was ist los?«, wollte ich wissen.

Sie räusperte sich. »Du weißt doch, dass ich mir morgens immer eine Superbowl zum Frühstück mache.«

Ich nickte. Wer in der Redaktion kannte nicht Anjas Superbowl mit Beeren, Joghurt, Haferflocken und Nüssen.

»Und in der Superbowl ist auch Leinsamen drin«, sagte sie.

»Ich weiß. Ist megagesund mit den Ballaststoffen und Omega-3-Fettsäuren.« Ich hatte schließlich aufgepasst.

»Hab ich auch gedacht und immer total viel in meine Bowl geschüttet. Und heute …« – Anja schluckte. »Heute hab ich das erste Mal auf die Packung geguckt.« Sie sah mich mit flackerndem Blick an. »Darauf steht, dass man nicht mehr als zwei Esslöffel pro Tag essen darf!«

»Oh«, machte ich.

»Ja, genau. Oh. In Leinsamen ist nämlich Blausäure drin. Und jetzt hab ich mich vielleicht aus Versehen vergiftet.«

»Ich hab die Dehnübung total übertrieben und jetzt tut mein Bein voll weh«, platzte es aus mir heraus.

»Wir sind vielleicht zwei Spezialisten«, sagte Anja und musste auf einmal lachen. Sie ist übrigens nicht umgekippt und hat die Überdosis Leinsamen offensichtlich gut vertragen. Und ich hab beschlossen, mal eine Pause vom Dehnen einzulegen.

Was gesund ist, wird nicht gesünder, wenn man es übertreibt. Im Gegenteil. Im Extremfall wird man dadurch sogar krank. Orthorexie zum Beispiel wird ein Essverhalten genannt, bei dem sich Betroffene wahnhaft mit gesunder Ernährung beschäftigen und jegliches Essen vermeiden, das ihnen ungesund erscheint, weil sie Angst haben, davon krank zu werden. Ihre Gedanken drehen sich nur noch um die Qualität und vermeintliche Wirkung von Nahrung auf ihren Körper. Sie stellen sich selbst strikte Regeln auf, die zwanghaft eingehalten werden müssen. Der Arzt Steven Bratman hat die Störung erstmals 1997 beschrieben, nachdem er bei sich selbst Orthorexia nervosa diagnostiziert hat. Er hat darüber auch ein Buch verfasst mit dem Titel *Health Food Junkies*.

Auch Sport kann zur Sucht werden. Aus der anfänglichen lockeren Joggingrunde werden auf einmal Langstreckenläufe auf Zeit. Das Pensum wird immer weiter erhöht. Aus dem Hobby wird ein Leistungssport.

Egal, ob es sich um Ausdauersport, Yoga, Meditation oder eine bestimmte Ernährungsweise handelt: Wenn meine Gedanken nur noch um die Gesundheit kreisen und ich mir erst nach dem Ableisten meiner Liste gesunder Aktivitäten die Erlaubnis gebe zu chillen, bekommt das eigentlich Wohltuende etwas Zwanghaftes. Wenn ich mich auf Biegen und Brechen gesund ernähre, bleiben Genuss und Lebensfreude auf der Strecke. Die Selbstoptimierung wird zur Falle. Wer strikt seinem Trainings- oder Ernährungsplan folgt, verpasst dabei, auf die Signale des Körpers und der Seele zu achten, die einem oft viel besser sagen können, was gerade das Richtige ist. Und das kann auch mal Nichtstun sein.

Natürlich sollte man gesund leben. Aber leider ist es so, dass man am Ende doch tot ist. Das Schicksal kann man nicht beeindrucken, auch wenn man sich an alle Gesundheitsempfehlungen dieser Welt hält. Selbst wenn man niemals mehr als 0,2 l Wein am Tag trinkt, Leinsamen und Weizenkeime in der vorgeschriebenen Dosierung isst, nicht raucht, sich keinen Sonnenbrand holt, auf Weißmehl und Zucker verzichtet, Cholesterinwerte und Blutdruck optimal sind, kann es passieren, dass einem ein Ast auf den Kopf fällt, oder ein besoffener Autofahrer kommt einem in der Kurve entgegen oder die Genetik schlägt zu und man kriegt irgendetwas Unaussprechliches, das man auch mit Grünkohl-Smoothies und Pilates nicht hätte verhindern können.

Vieles richtig machen ist gut. Alles richtig machen geht gar nicht. Eine Garantie, dass man nicht krank wird, bekommt man sowieso nicht, egal, wie sehr man sich anstrengt. Wenn man aber aus Sorge um seine Gesundheit auf jeden Genuss verzichtet, versäumt man sein Leben. Und das wäre richtig traurig.

SÄTZE, VON DENEN ICH NIEMALS DACHTE, DASS ICH SIE MAL SAGEN WÜRDE

- Die Einschläge kommen näher.
- Für mich nur ein alkoholfreies Bier.
- Der Wein muss erst noch dekantiert werden.
- Ich habe morgen eine Darmspiegelung.
- Gibt es bei dem Konzert auch Sitzplätze?
- Ich möchte gerade nichts Süßes.

- Ein Wein-Vakuumverschluss für angebrochene Flaschen ist sehr praktisch.
- Von dieser Zartbitterschokolade braucht man nur ganz wenig essen.
- Kampot-Pfeffer macht wirklich einen Unterschied.
- Ich weiß wirklich nicht, was ich mir bei der Tätowierung gedacht habe.
- Jazz kann durchaus schön sein.
- Ich gucke Filme am liebsten im Original.

»MIMIMI« KLINGT'S AUS DEM JAMMERTAL

Meine Schwägerin ist die Beste. Im Jammern. Niemand hat so viel Stress wie sie, keiner solche Rückenschmerzen, das Wetter hat es persönlich auf sie abgesehen, ihr Chef ist unangefochten der schlimmste Vorgesetzte aller Zeiten, ihre Kollegen allesamt vom Planeten Saudoof, und ihre Kinder treiben sie sowieso in den Wahnsinn.

Wie kann man jemanden dahin treiben, wo er schon ist, bin ich manchmal versucht zu antworten. Denn obwohl meine Schwägerin sich ständig über alles beschwert, scheint sie ihren Aufenthalt im Jammertal zu genießen. Verbesserungsvorschläge erschlägt sie sofort mit Argumenten wie »hat eh keinen Zweck« oder »du hast leicht reden«. Aufmunterungen nimmt sie mit gequältem Lächeln entgegen, das besagt, mein Schicksal ist sowieso besiegelt, bemüht euch nicht.

Dabei will sie genau das: dass wir uns um sie bemühen.

Jammern ist nämlich nichts anderes als beeindrucken mit schlechten Nachrichten.

Und es funktioniert. Meine Schwägerin sichert sich mit ihren Klagen einen Großteil der Aufmerksamkeit auf jedem Familientreffen. Sie wird sofort gefragt, wie es ihr geht, und darf ausführlich erzählen. Sie wird für ihr Unglück nicht nur bemitleidet wird, sondern auch unterstützt, wo es geht. Kein Wunder, dass sie sich darin sonnt! Meine Schwiegereltern stehen immer parat, um ihr die Kinder abzunehmen und auch ansonsten alles zu tun, um ihr das ach so schwere Leben leichter zu machen. Das nach objektiven Maßstäben kein bisschen anstrengender sein sollte als meines oder das anderer berufstätiger Mütter.

Am Anfang, das gebe ich ehrlich zu, hab ich mich darüber aufgeregt. Und das eine oder andere Mal versucht, mitzuhalten und auch zu klagen, wie furchtbar alles ist. Aber wie bei Daniela und ihren tausend Talenten kann ich auch bei meiner Schwägerin und ihren multiplen Miseren nicht mithalten. Ihr Glas ist immer ein bisschen leerer als meines, egal, was ich für Stress anbringe. Deswegen hab ich das Jammertal auch schnell wieder verlassen. Gut so!

Denn Forscher haben herausgefunden, dass Jammern nicht nur unglücklich macht, sondern auch krank. Im Gehirn verknüpfen sich bei jedem Sinneseindruck und mit jedem Gedanken neuronale Verbindungen. Diese werden gespeichert. Das führt zu einem Gewöhnungseffekt: Je öfter man negative Gedanken hat, umso leichter fällt es, negativ zu denken.[*] Man baut im Gehirn sozusagen eine Schnellstraße in das Zentrum des Pessimismus. Wenn man zu der

---

[*] Vgl. Steven E. Parton: »The Science of Happiness: Why complaining is literally killing you«, curiousapes.com

optimistischen Weltsicht gelangen will, muss man schlecht ausgebaute Umwege nehmen. Das dauert länger und ist anstrengender. Deswegen lässt man es lieber.

Hinzu kommen körperliche Nebenwirkungen des Jammerns: Wenn man sich darüber beklagt, wie schlecht es einem geht, wird das Stresshormon Cortisol ausgeschüttet. Das führt kurzfristig zu erhöhter Leistungsfähigkeit, was sehr sinnvoll ist, wenn man zum Beispiel vor einer Horde Steinaxt schwingender Neandertaler auf der Flucht ist. Ein dauerhaft hoher Cortisolspiegel, weil man mit dem Wetter, der Parkplatzsituation, den Kollegen oder den Benzinpreisen hadert, ist dagegen schädlich. Der ständige Alarmzustand des Körpers schwächt das Immunsystem und kann Herz-Kreislauf-Erkrankungen begünstigen.

Pessimisten ziehen dabei nicht nur sich selbst runter, sondern auch andere. Wenn meine Schwägerin sich darüber beschwert, wie sehr ihre Büronachbarin nervt, die ständig Karotten knabbert und ihren Kaffee laut schlürft, stelle ich mir vor, wie das wäre, wenn mir so jemand gegenübersitzen würde. Ich versuche, mich in die Situation meiner Schwägerin hineinzufühlen. Was zur Folge hat, dass auch ich von der schlürfenden Kollegin gestresst werde.

In Unterhaltungen mit meiner Schwägerin (und anderen Dauernörglern) merke ich, wie sich ein unangenehmes Gefühl in meinem Magen ausbreitet. Wie ich anfange, mir selbst Sorgen über irgendwas zu machen. Wie der Stress mir durch die Nervenbahnen kriecht. Der Fluchtreflex wird aktiviert. Aber weil sie nun mal kein Steinaxt schwingender Neandertaler auf dem Kriegspfad ist, bleibe ich sitzen. Und versuche, die Welle negativer Energie aufzuhalten, indem ich sie mit optimistischen Gedanken und Ratschlägen aufbaue. Was aber nicht klappt, wenn sie darauf beharrt, trotzdem allen Grund zum Ärgern zu haben.

Selbstmitleid ist nicht nur eine Möglichkeit, bei anderen Aufmerksamkeit zu bekommen, sondern eben auch eine verführerische Methode, sich selbst zu beeindrucken. *Ich bin der größte Pechvogel der Welt. Nur mir passiert so was. Warum immer ich?*

Ich gehe Unterhaltungen mit meiner Schwägerin und anderen pessimistischen Zeitgenossen mittlerweile aus dem Weg.

Ich hab selbst genug Stress. Ich brauche nicht noch den von anderen.

WENN DAS GLAS HALB LEER IST, SCHENK EINFACH NACH!

Es ist okay, sich mal Luft zu machen und zu jammern, wenn was schiefgelaufen ist. Wie bei einer Heißhungerattacke, wo man einfach alle Bedenken über Bord wirft und sich eine ganze Tüte Fruchtgummi reinzieht. Das muss manchmal sein. Sich gehen zu lassen, kann erleichtern und Stress abbauen. Aber weder Jammern noch Süßigkeiten in Massen sollten zur Gewohnheit werden. Mit negativen Storys kann man irgendwann niemanden mehr beeindrucken. Im Gegenteil. Das fängt sehr schnell an zu nerven. Wenn sich aber Leute abwenden, fühlt man sich noch schlechter. Und niemandem geht es gerne schlecht. Ich bin überzeugt, dass sich auch meine Schwägerin das nicht wünscht. Sie hat nur noch keinen Weg aus dem Tal des Jammers gefunden.

Es gibt jedoch Möglichkeiten, seine Denkweise umzuprogrammieren. Die Schnellstraße zur Schwarzmalerei zu verlassen und einen breiten Weg zur Zuversicht und Lebensfreude zu bauen.

1. Eine Lösung suchen

Wenn etwas schiefläuft, sollte man das ursächliche Problem herausfinden und eine Lösung suchen. Nicht, indem man motzt oder sich beschwert, sondern mit einem konstruktiven Vorschlag. Vielleicht steckt hinter dem Jammern meiner Schwägerin über den Stress mit Haushalt, Job und Kindern der Wunsch, dass ihr Mann mehr Verantwortung übernimmt? Dann sollte sie es ihm in netten Worten sagen.

Nörgeln ist leicht. Einen Verbesserungsvorschlag machen nicht.

Wer die Ursachen für seine Unzufriedenheit nicht ändern kann (oder will), kann immerhin seine Einstellung dazu ändern.

Wenn ich mit meiner Figur unzufrieden bin, kann ich versuchen, sie durch Sport und Diät zu ändern. (Oder es lassen und mich schön fühlen! Bodyshaming ist out!)

Mit meiner Körpergröße hingegen muss ich so oder so leben. Die kann ich auch mit dem besten Willen nicht beeinflussen. Wenn ich nicht mein ganzes Leben unter dem Gefühl leiden möchte, zu groß oder zu klein zu sein, muss ich einen Weg finden, sie zu akzeptieren.

Aus dem Zentrum der Schwarzmaler führt immer ein Pfad hinaus. Man muss nur den Schildern Richtung Problemlösung folgen. Und wenn man die alleine nicht finden sollte, können Partner, Freundinnen oder professionelle Therapeuten und Therapeutinnen helfen.

2. Dankbar sein

Wenn es einem nicht gut geht, hilft Dankbarkeit. Forscher haben herausgefunden, dass Dankbarkeit nicht nur glücklicher macht, sondern auch sehr gesund ist. Der kalifornische Psychologieprofessor Robert A. Emmons und sein Team haben untersucht, wie Dankbarkeit sich auswirkt.[*] Sie ließen ihre Testgruppe für zwei Wochen aufschreiben, wofür im Leben sie dankbar sind. Diese Übung hatte äußerst positive Effekte. Die Testpersonen fühlten sich weniger gestresst und schliefen besser. Cortisol-Level und Blutdruck sanken statistisch nachweisbar.

Das funktioniert auch, weil Dankbarkeit automatisch negative Gefühle blockiert. Man kann nicht gleichzeitig dankbar sein und frustriert oder wütend sein.

Wenn also die Pappnase im Auto vor mir so langsam fährt, dass ich nicht mehr über die Ampel komme, kann ich mich ärgern. Oder aber dankbar sein, dass gerade ein tolles Lied im Radio läuft oder dass wir am Wochenende bei Freunden eingeladen sind.

Heute hatte ich den falschen Bus erwischt. Ich war eine halbe Stunde länger unterwegs. Aber nur deswegen hab ich einen wunderschön blühenden Magnolienbaum gesehen. Und bin an der Bushaltestelle vorbeigekommen, an der zu Schulzeiten ein Schmetterlingsschwarm in meinem Bauch aufflatterte, wenn Gregor Klein einstieg. Wenn wir darauf schauen, was wir haben, anstatt uns darauf zu fokussieren, was wir nicht haben, leben wir automatisch zufriedener. Es gibt so viel Schönes um uns herum. Wir müssen es nur sehen und uns darüber bewusst werden.

Auch wenn das Glas halb leer ist, ist immer noch ein Schluck drin, den man genießen kann. Und wenn es zu wenig ist, kann man ja nachschenken!

---

[*] Vgl. »Gratitude is good medicine«, UC Davis Health, Nov. 2015 (https://health.ucdavis.edu/)

ALTER SCHÜTZT VOR

NEUGIER NICHT

MIT KARACHO ZURÜCK INS TEENIEGLÜCK

Ich hätte es nicht für möglich gehalten, aber ich werde auf meine nicht mehr ganz jungen Tage doch noch schlau. Zwei Sachen habe ich endlich durchschaut: Vernunft ist toll. Und Bequemlichkeit auch. Ich finde, auf dem Sonnendeck darf die Komfortzone gerne Kingsize-Format haben. Und dicke Socken tragen! Umso erstaunlicher ist, dass es diese Momente gibt, die einen im Nullkommanix aus der gemütlichen Galaxie des Sonnendecks rausreißen und in das bunt schillernde Multiversum hineinkatapultieren, wo man gleichzeitig alt und jung sein kann.

Zum Beispiel beim Achterbahnfahren. Das soll ja gesund sein. Wenn man zum Beispiel Nierensteine hat. Die kann man sich nach medizinischen Erkenntnissen in der Achterbahn wegschleudern lassen. Zentrifugalkraft wirkt bis in die kleinste Zelle. Dessen wurde ich mir wieder bewusst, als wir neulich seit langem wieder im Phantasialand waren. Jetzt hab ich zwar keine Nierensteine, von denen ich wüsste, aber dennoch wollte ich es wagen: die Achterbahn. Natürlich eine gemäßigte Familienachterbahn ohne Loopings und rasante Korkenzieherabfahrten. Trotzdem war ich sehr aufgeregt, als wir uns bei der Colorado-Bahn anstellten. Und noch aufgeregter wurde ich, als ich in dem Waggon saß und der eiserne Gurt einrastete. Kein Entkommen für die nächsten drei Minuten. Plötzlich bezweifelte ich, dass es eine gute Idee gewesen war, mich den Elementen auszusetzen. Und ich hatte Recht: Es war schrecklich! Unfassbar schnell! Ich wurde in meinem Sitz hin und her geworfen wie bei einem Raketenritt zum Mond. Wenn ich Nierensteine gehabt hätte, wären sie sicher pulverisiert worden. Nach der letzten Kurve fuhren wir zum Ziel und ich hörte mich lachen. »War das geil«, rief ich begeistert, als ich im Adrenalinrausch Richtung Ausgang schwankte. »Und was die Leute gekreischt haben!«

»Äh, Mama«, sagte mein Sohn. »Du hast gekreischt. Sonst keiner.«

Oh. Ach du meine Güte. Wenn wirklich ich das gewesen bin, hab ich gekreischt wie ein Horde Mädchen angesichts von Justin Bieber oder Harry Stiles.

Wie peinlich! Und ... so *toll*!

Ich überlegte kurz. Dann sagte ich: »Los, wir gehen noch mal!«

Und es war mir auch egal, dass ich dieses Mal alleine sitzen musste.

Man freut sich in den besten Jahren vielleicht nicht mehr so auf den Geburtstag. Oder auf Weihnachten. Die Kurve der echten, bis in die letzte Nervenzelle prickelnden Freude flacht mit den Jahren leider ab. Aber man kann sie wiederbeleben!

Manchmal braucht es so wenig, um sich noch mal jung zu fühlen. Eine popelige Achterbahn zum Beispiel. Ein echter Teeniemoment!

Diese Teeniemomente will ich mir unbedingt erhalten. Ohne drüber nachzudenken, wie ich wirke.

Ich bin uncool. Ich darf das!

In der Achterbahn kreischen, Zuckerwatte essen, rosa Socken mit Herzchen kaufen, Minirock und Overknees anziehen, wenn mir danach ist. Die Wasserrutsche nehmen, den Hula-Hoop-Reifen rotieren lassen. Teenieserien und Highschool-Filme gucken. In das Marvel-Universum eintauchen, doch wieder bei *Germany's Next Topmodel* mitfiebern. Jugendbücher lesen. Beim Autofahren das Fenster ganz weit aufmachen und die Musik aufdrehen. Einen lächerlich bunten Eisbecher bestellen, ein Picknick mit Benjamin-Blümchen-

Torte veranstalten. Um Mitternacht noch eine Flasche Wein aufmachen und dabei nicht an morgen denken. Neue Musik shazamen. *The Power* von Snap oder *Killing in the name* von Rage Against The Machine (oder welches Lied von früher auch immer) anmachen und tanzen. Sowieso tanzen. Im Wohnzimmer, im Waschkeller, in der Küche. *I've got the Power. Fuck you, I won't do what you tell me. Groove is in the heart.* Beim Tanzen ist die Welt voller Glitzer und Konfetti. Und voller Möglichkeiten! Sogar wenn man dabei die Fenster putzt oder Weingläser spült.

Wenn ich früher Omas mit blauen oder blassvioletten Haaren gesehen hab, hab ich immer einen Frisörunfall vermutet. Oder dass sie es vielleicht gar nicht richtig mitbekommen haben, was sie da auf dem Kopf tragen, und es mit trüber Linse für silbergrau hielten.

Mittlerweile denke ich: Vielleicht ist das ja volle Absicht? Ein echter Teeniemoment auch im Großmutteralter. Weil eine Sache klar ist:

> Wenn man niemanden mehr beeindrucken muss, kann man nicht nur besser entspannen. Man kann auch mehr Spaß haben!

HOLZ UND VORURTEIL

Wenn die Kinder langsam flügge werden und die Eltern wieder auf sich gestellt sind, wird es interessant. Die Karten werden neu verteilt. Und das Beste ist: Das Spiel kann man sich aussuchen.

Manchmal hab ich den Eindruck, es ist ein bisschen wie nach der Schule, als sich eine ehemalige Gemeinschaft in alle Himmelsrichtungen verstreut hat, um ihre berufliche Bestimmung zu suchen.

Jetzt geht es allerdings weniger um Beruf, mehr um Berufung. In den Wechseljahren wechseln auch die Interessen der Leute. Sie suchen sich Hobbys. Manche absolvieren den Segelschein, andere kaufen sich ein Motorrad oder ein Pferd oder eine Töpferscheibe oder machen was mit Holz. Wie Silke zum Beispiel.

Neuerdings ist sie unter die Hobbyschreinerinnen gegangen und baut eigenhändig Möbel aus Paletten. Erst hat sie ihre Terrasse damit bestückt, dann für eine Freundin ein Palettenbett gebaut. Jetzt ist sie dem Shabby-Chic-Wahn verfallen und bereitet den Küchenschrank auf, den sie von ihrer Oma geerbt hat. Sie hat schon verschiedene Workshops gemacht und nimmt sich immer anspruchsvollere Projekte vor. Ich finde das sehr anregend. Neulich habe ich selbst angefangen, eine alte Kommode aufzuarbeiten. Sie ist eigentlich ganz hübsch, aber grottenhässlich grün lackiert, und die Rückwand wird langsam rissig. Ich habe sie aus der Garage geholt und auf einem alten Laken auf die Terrasse gestellt. Ich sah es schon vor mir, wie ich mit meinen eigenen Händen den alten grünen Lack abschleifen und nach und nach das Holz zum Vorschein kommen würde, die Maserung, die Astlöcher, die glatt polierte Natur, und wie ich mit meinen Händen darüberfahren würde und den Baum erahnen, der sich geopfert hat, um uns ein zeitloses Möbelstück zu schenken. Ich zog eine der Schubladen heraus und fand darin einen Stapel alter Postkarten. Als mein Mann nach Hause kam, rätselte ich gerade darüber, wer um alles in der Welt mir 1994 eine Postkarte aus Las Vegas geschickt hatte. Sie war mit K unterschrieben, aber mir fiel einfach nicht ein, wer das sein könnte. »Was machst du denn da?«, fragte er.

»Siehst du doch«, sagte ich und legte die Postkarten weg, »ich renoviere die Kommode.«

»Hm«, machte er. »Und wozu?«

»Weil das mein neues Hobby ist!«, sagte ich stolz.

Er zog ein bisschen die Augenbrauen hoch und schaute von mir zur Kommode und wieder zurück. »Und wo willst du sie nachher hinstellen, wenn sie fertig ist? Wir haben doch gar keinen Platz.«

Als ich die Kommode in alter grün lackierter Pracht wieder in die Garage räumte, rammte ich mir noch einen Splitter in den Finger. Ich hab jetzt den Sperrmüll bestellt. Das Ding kommt weg. Ich bin wohl doch keine Holzfrau.

Aber ich lasse mich weiter inspirieren. Zum Beispiel von einer Bekannten aus der Nachbarschaft. Mit ihr mache ich regelmäßig gemütliche Spaziergänge. Bei der letzten Verabredung hatte sie aber plötzlich Nordic-Walking-Stöcke dabei. »Ist so ein tolles Ganzkörpertraining«, erklärte sie mir keuchend, »man kommt besser in den Rhythmus und kann viel schneller gehen. Und die Sauerstoffaufnahme ist auch viel höher«, rief sie mir über die Schulter zu, während sie vorpreschte. »Und ...«

Den Rest verstand ich nicht, weil ihre Stöcke so einen Krach machten. Ich startete einen kleinen Zwischenspurt.

»Vielleicht sollte ich mir auch so welche kaufen«, meinte ich. Sie warf mir einen warnenden Blick zu. »Da musst du aber erst mal eine Einführung machen. Man kann sooo viel falsch machen. Beleg erstmal einen Kurs.«

»Man muss fürs Nordic Walking einen Führerschein machen?«, fragte ich erstaunt.

»Wenn du so willst, ja«, antwortete sie und stemmte die Stöcke geräuschvoll in den Asphalt, um sie dann rasselnd hinter sich her über den Boden zu schleifen. Es klang wie eine schlecht geölte Maschine. Als sie neulich fragte, ob wir mal wieder eine Runde drehen wollen, hab ich abgesagt. Ich geh noch nicht am Stock.

Auch mit den Pohlmanns werden wir uns wohl erst mal nicht mehr treffen. Ein befreundetes Ehepaar, mit dem wir eine Vorliebe für Weinproben und kulinarische Experimente teilten. Die beiden sind jetzt Anhänger der indischen Heilkunst Ayurveda. Sie schwärmen nur noch, wie viel Energie sie haben, seit sie sich dem Tageszyklus der Doshas unterworfen haben und ihr Agni, ihr Verdauungsfeuer, heilsam lodert. Anstatt Wochenenden mit uns an der Mosel oder der Ahr zu verbringen, fahren sie ins Retreat und lassen sich mit Massagen und Stirnölgüssen die Chakren in Schwung bringen. Ein anderes Paar hat sich ein Mobilheim in Zeeland gekauft und verbringt jetzt jedes Wochenende am Strand. Sie schicken immer tolle Bilder von Möwen und spritzender Gischt und Regenbögen über dem Strand.

Und dauernd lese ich noch beeindruckendere Storys von Leuten, die ins Ausland gehen, aber richtig, mit allem Drum und Dran. Die alles hingeworfen haben, um in Laos eine Frühstückspension zu eröffnen oder irgendwo in der Karibik Delfin-Beobachtungstouren anzubieten. Oder die ihren Job gekündigt haben, um den Mount Everest zu besteigen oder die Unterwasserwelt von Mikronesien zu erkunden. Oder die aus ihrem Hobby »Gewürze zusammenzumischen« in Finnland ein Imperium aufbauen. Manchmal habe ich den Eindruck, alle Welt bricht auf zu neuen Ufern und macht wahnsinnig coole Sachen. Und ich hab nicht mal ein neues Hobby.

Neulich sagte ich zu meinem Mann, wir müssten auch dringend irgendwas machen. »Was denn?«, fragte er.

»Wir könnten uns E-Bikes kaufen und den Rhein bis zur Quelle hochfahren. Oder in die Bretagne auswandern und Austern züchten. Oder zumindest essen. Oder wenigstens auf einer Alm in Tirol für eine Woche leben wie vor 100 Jahren!«

Er atmete tief ein.

»Ich weiß!«, rief ich. »Wir machen ein Regenpicknick im Garten. Wie früher mit den Kindern! Wir kuscheln uns unter den großen Regenschirm und genießen das Prasseln.«

»Prasseln finde ich gut«, sagte mein Mann. »Komm, wir machen den Kamin an.« Damit war ich auch einverstanden.

Aber ich kann verkünden, dass auch ich endlich ein neues Hobby gefunden habe. Ich habe mir eine Grillpfanne gekauft. Die macht so schöne Röststreifen auf die Auberginen.

MAN MUSS DAS RAD NICHT NEU ERFINDEN. AB UND ZU AUFPUMPEN REICHT AUCH

So viele Möglichkeiten zur Selbstverwirklichung! So viele Chancen, noch einmal ganz neu durchzustarten! Wenn nicht jetzt, wann dann? Wenn man die vielen Artikel und Geschichten von Leuten liest, die in der Mitte des Lebens alles umkrempeln und noch mal ganz neu anfangen, wirkt das eigene Leben schnell klein und eng und langweilig. Und ich frage mich: Muss ich nicht auch mehr machen? Meine Zeit voll auskosten, alles rausholen, was geht?

Nein. Muss ich überhaupt nicht.

Es ist logisch, dass überwiegend Neuanfangstorys in den Medien zu lesen sind.

Der Ehemann ist fremdgegangen und hat das ganze Geld verprasst, zack, Scheidung, mit Mitte 50 auf einmal allein und pleite, dann der Durchstart mit selbstgehäkelten Stulpen, die jetzt die Promis in New York tragen – Tragödie mit Happy End. Macht was her.

Sicheren Job gekündigt, alles verkauft, Tasche gepackt, ab nach Australien, um Schafschererin zu werden – Abenteuer. Macht was her.

Frau, glücklich in ihrer Ehe, obwohl diese manchmal vor sich hin plätschert, normaler Job, keine herausragenden Hobbys, will an ihrem Leben nichts ändern – dramaturgische Nulllinie. Macht nichts her.

Man liest solche Geschichten nicht. Eine Protagonistin, die mit ihrem Leben zufrieden ist und gar nichts ändern möchte, hat keinerlei Nachrichtenwert. Keine Plot Points, kein Drama, keine Spannung.

> Die Hauptrolle in meiner eigenen Telenovela zu haben,
> ist zwar wunderbar. Das heißt aber noch lange nicht,
> dass irgendjemand anders diese Serie einschalten würde.

Was aber nicht bedeutet, dass ein Leben in geregelten Bahnen und normaler Umgebung weniger aufregend, weniger erfüllend oder weniger wert wäre.

Ich bin sowieso unendlich reich. Ich habe eine Familie, ich habe Freunde, ich habe ein schönes Zuhause. Ich bin bisher mit allem zurechtgekommen, was das Leben mir vor die Füße geworfen hat. Das war für mich ein riesiges Abenteuer. Und eine Herausforderung. Dass ich das alles geschafft habe, macht mich stolz und glücklich. Und ich schaue mit großer Zuversicht in die Zukunft – ohne große Pläne.

Wer auswandern will, soll auswandern. Wer noch mal was Neues anfangen will, bitte – die Welt steht offen.

Aber niemand soll sich schlecht fühlen, weil er es nicht tut.

Es gibt genug Möglichkeiten für Neues. Hobbyschreinerin werden, Ayurveda ausprobieren, zum Linedance gehen, Italienisch lernen, einen Kurs im autobiografischen Schreiben belegen, einem Gospelchor beitreten, eine alte Freundschaft aufleben lassen, seinen Garten zum Blühen bringen und endlich mal Holunderblütensirup kochen.

All das sind keine erwähnenswerten Punkte in einem Lebenslauf. Bewerben um den Preis für herausragende Biografien könnte man sich damit nicht. Man kann mit diesen kleinen Dingen auch niemanden beeindrucken. Aber sie können trotzdem sehr beglückend sein.

Wie neulich die Sache an der Käsetheke. Jetzt stehen Käsetheken nicht unbedingt weit vorne in der Hitliste der spannenden Orte. Und es war auch nicht spannend. Eigentlich ist es nicht mal erwähnenswert. Vor allem nicht im Vergleich zu den Geschichten von Leuten, die nach Laos auswandern oder Berggipfel erstürmen oder sich durch die Korallenriffs von Mikronesien schnorcheln. Aber es war ein Moment, in dem ich mich einfach sehr zuhause gefühlt habe und gedacht hab, wie schön das Leben sein kann. Es standen drei Frauen vor der Käsetheke und zwei Verkäuferinnen dahinter. Eine dritte kam mit einem Stapel Kisten aus dem Lager. Und sagte laut: »Ich habe eine Wassermelone getragen.«

Der Satz hat gezündet. Alle haben gleichzeitig gelächelt und sofort fing ein Smalltalk an. Es war ein Moment der Verschwesterung. Wie das Träumen eines gemeinsamen Traums mit irgendwelchen fremden Frauen, mit denen ich mindestens zwei Dinge gemeinsam hatte: Wir mögen guten Käse und Dirty Dancing. Ich bin mit leichtem Herzen nach Hause geradelt und habe gewusst, dass ich genau da bin, wo ich sein will.

Bekenntnisse einer uncoolen Frau in den besten Jahren, Wendepünktchen 5

9. Februar

Der Schlaf-Wach-Rhythmus wird ja normalerweise in Langschläfer und Frühaufsteher unterschieden, in Eulen und Lerchen. Keine Ahnung, wie man den Vogel nennt, zu dem ich mutiert bin. Ich geh früh ins Bett und wache mitten in der Nacht putzmunter auf, schlafe gegen Morgen wieder ein und bin todmüde, wenn der Wecker klingelt. Und einen Mittagsschlaf brauche ich auch. Ich glaub, meine innere Uhr ist kaputt.

11. Februar

Es hat ordentlich gefroren. Ich bin bis zur Nasenspitze eingemummelt in warme Klamotten raus und hätte am liebsten noch eine Tasse Tee mit mir rumgetragen. Oder eine Wärmflasche. Ich frage mich, ob man auf dem Sonnendeck die Temperatur in Fahrenheit misst. Alles kommt mir viel kälter oder viel heißer vor. Für Männer in meinem Alter scheint das allerdings nicht zu gelten. Der Nachbar läuft in T-Shirt, Latschen und Bermuda-Jogginghose über die Straße. Es gibt Leute, die haben immer Sommer. Oder ist das der Temperatur-Gender-Gap?

23. Februar

Feuerwerk und Wunderkerzen! Als ich mit ein paar Kolleginnen gestern Abend in einer wirklich dunklen Ecke einer Kneipe saßen, wurden wir vom Nachbartisch gefragt, was wir studieren würden. Wenn wir uns nicht umständlich aus der Bank hätten schieben müssen, hätte es bestimmt sogar den einen oder anderen Freudensprung gegeben.

4. März

Wieder geschmunzelt heute. Was an sich vermutlich schon uncool ist. Ich glaube, Jugendliche können gar nicht mehr schmunzeln. Höchstens grinsen. Aber ich kann umso besser schmunzeln! Besonders, wenn ich mir auf beliebte-vornamen.de die Babynamen der Woche anschaue. Was für ein Vergnügen! Gerade für Leute der Thomas-und-Claudia-Generation, in der Vornamen noch kein Gesamtkunstwerk mit Urheberrecht waren, sondern einfach Vornamen. Heute dagegen wird mit Individualität von Geburt an nicht gekleckert, sondern geklotzt. Da soll noch einer sagen, dass es mit unserer schönen Sprache bergab geht, weil die jungen Leute unter Wortschatzverlotterung und anderen Verbalinsuffizienzen leiden. Bei der aktuellen Liste gab es ein richtiges Fest für Fans von Außenseiterkonsonanten und der grammatikalischen Minderheit der Akzente.

Léa Hélène, Atlas Lèo, Lakysha Shayene, Chrystal Aileen, Farniyan (f), Ephraim (m), Niilo Jelte (m), Raisa-Joana, Urielle Ilona, Thea Luitgard, Skylar Grudrun, Derek Wyatt Mathew, Cayden Ian.

Wundervoll! Ich stelle mir das schön vor, wenn man zum Beispiel einen Termin für Skylar Grudrun beim Arzt macht. Wie oft man da in den Genuss des Buchstabierens kommt! Und die Eltern von Léa Hélène werden sicher häufig Gelegenheit haben, die Lehrer ihrer Tochter auf korrekte Rechtschreibung hinweisen zu dürfen. »Nein, hier ein Akut. Da ein Gravis.« Sehr vorausschauend, von Anfang an für ausgleichende Gerechtigkeit zu sorgen.

9. März

Die Welt steht Kopf! Hab heute Morgen schon Guten-Abend-Tee getrunken und Schokolade gegessen. Und da soll mir noch einer sagen, das wäre normal.

15. März

12 Grad, strahlender Sonnenschein. Hab die ersten Mädchen in Hot Pants und Trägershirt gesehen. Da droht doch die Nierenbeckenentzündung, denke ich sofort. Dabei weiß ich aus eigener Erfahrung von früher, dass Teeniegirls immun gegen Kälte sind. Das haben sie im Übrigen gemeinsam mit beleibten älteren Männern. Ein interessanter wissenschaftlicher Ansatz für die Forschung, finde ich.

17. März

Anja und ich waren auf der Geburtstagsfeier unserer Chefin, da wurde vielleicht geprotzt! Einbauküchen sind die neuen Porsches. Ein Typ in einem Anzug, der so eng war, als hätte er ihn schon zu seiner Kommunion getragen, schwadronierte über seine just installierte innenarchitektonische Hochglanzleistung mit Granitarbeitsplatte, Weinschrank und Pyrolyse-Backofen.

»Wird der mit Holzkohle betrieben?«, fragte ich erstaunt und war ehrlich gesagt ein bisschen stolz, dass mein Allgemeinwissen die Holzkohleherstellung mittels Pyrolyse umfasste.

Dieser Angeber lachte nur kehlig. »Natürlich nicht«, sagte er abfällig und wandte sich der Frau neben mir zu, die ebenfalls eine wahnsinnsneue Küche hatte und integrierte Dampfgarer zur Standardausstattung zählte. Ihr erklärte der Kommunionsanzug-Typ, dass Pyrolyse zur Selbstreinigung mit hohen Temperaturen benutzt wird. Ich war wohl direkt aus dem Gespräch ausgeschlossen worden, da ich weder einen Induktionsherd hatte noch wusste, dass Abzugshauben jetzt Downdraft heißen.

Anja und ich rollten die Augen und gingen zum Büfett.

»Für den Preis dieser Küchen konnte man sich früher ein Haus kaufen«, sagte sie schnaubend.

»Wobei ich die Idee mit der Wärmeschublade für Geschirr nicht schlecht finde«, sagte ich.

»Ha!«, machte Anja nur.

»Wieso? Da bekommst du beim nächsten Mal die Kürbissuppe auf vorgewärmten Tellern.«

»Okay«, sagte Anja. »Wenn du dir eine Wärmeschublade kaufst, kauf ich mir einen amerikanischen Kühlschrank mit Eiswürfelmaschine. So einen wollte ich immer schon haben, fand das aber was überkandidelt.«

»Den finde ich auch viel besser als eine Wärmeschublade«, rief ich. »Hm. Aber leider passt so ein Kühlschrank bei uns nicht.«

»Wir können uns auch nur eine Eiswürfelmaschine kaufen«, schlug Anja vor. »Ohne den ganzen Firlefanz!«

»Oder einfach Eiswürfeltüten zum Einfrieren. Die sind auch praktisch.«

»Stimmt«, sagte Anja.

Wir sind einfach keine Porschefrauen.

IM TERMINKALENDER STEHT

JETZT »ZEIT FÜR MICH«

DOODLEDI-DOODLEDA

»Also die nächsten Wochen sieht es schlecht aus, wir hätten in der zweiten Oktoberhälfte Zeit«, ist eine typische Antwort meiner alten Freundin Theresa, wenn wir im Juli versuchen, ein Treffen auszumachen. Es ist leichter, einen Termin beim Augenarzt zu bekommen als bei ihr. Ständig ist sie verabredet und unterwegs, und wenn Theresa Geburtstag feiert, kommen locker 40 Leute. Während ich mich anstrengen muss, die Hälfte zusammenzukriegen. ›Was sagt das über mich aus?‹, frage ich mich.

Mit einem randvollen Terminkalender kann man beeindrucken. Wer oft eingeladen wird oder selbst einlädt, hat viele Freunde. Wer viele Freunde hat, muss ja nett sein. Oder cool. Aber definitiv beliebt!

In Schulzeiten kam eine Einladung zur Fete bei Christoph von Hagen einem Ritterschlag gleich. Alle hofften insgeheim, zum Kreis der Erlauchten zu gehören. Ich hab das nie geschafft und war zugegebenermaßen ein bisschen neidisch auf Silke und Nicole, die eine Einladung ergattert hatten. Ich fühlte mich ausgeschlossen und in mir nagte das Gefühl der Minderwertigkeit. Dabei mochte ich Christoph nicht mal besonders. Einmal war ich bei Carsten Telkow zur Geburtstagsparty eingeladen, der eine Stufe über uns war. Was war ich stolz und happy!

Denn jede Einladung ist wie eine Bestätigung. Dass man liebenswert oder lustig oder attraktiv genug ist, um dazuzugehören. Dieses Gefühl der Anerkennung verführt natürlich dazu, auch Verabredungen einzugehen, auf die man eigentlich gar keine Lust hat.

Sehr lange hab ich automatisch zugesagt, wenn mir irgendjemand vorgeschlagen hat, etwas zu unternehmen. Seltsame Trips habe ich gemacht, mit Zelt übers Wochenende irgendwohin, wo ich eigentlich nicht sein wollte. Feten in langweiligen WGs, Konzerte von Bands, die ich nicht kannte. Manchmal war es lustig, manchmal totale Zeitverschwendung und oft irgendwas in der Mitte.

Wer nur einen kleinen Freundeskreis hat und nicht jedes Wochenende verplant ist, gerät schnell unter den Verdacht, unbeliebt zu sein. Und wer unbeliebt ist, muss ja eine große Anzahl nerviger bis unverschämter Marotten haben.

Die Gleichung könnte also lauten:

wenige Termine = kleiner Freundeskreis = Charakterfehler

viele Termine = großer Freundeskreis = toller Charakter

Es gibt Bekanntenkreise, mit denen man tatsächlich nur mit Terminfindungs-Apps zusammenfindet. Mit Theresa mache ich das immerhin noch auf die altmodische Art – am Telefon. Dann höre ich sie durch ihren Jahresplaner blättern, während sie murmelt: »Da sind wir in Brügge, an dem Wochenende heiratet meine Kusine, da sind wir bei Freunden zum Brunch, hier der zehnte September, ach nee, da geht es auch nicht, da gehen wir in die Oper mit meinem Frauenstammtisch.«

Früher hätte ich wahrscheinlich jetzt mit meinen nur dezent gefüllten Kalenderseiten geraschelt und dabei auch geschäftig vor mich hin gemurmelt. Terminfindung als Wettbewerb der Beliebtheit. Heute höre ich mir ihr Programm an und frage mich, wann die Frau mal Zeit für sich hat.

Super, wenn man unternehmungslustig ist und viel unterwegs. Solange man es für sich macht. Und nicht, um es anderen zu erzählen. Oder nur, um sich bestätigt zu fühlen.

Ich bin so oder so beliebt. Bei mir selbst.

ZWEISAMKEIT UND ZWIETRACHT

So wenig ich die ayurvedische Fixierung von Pohlmanns teilen kann – immerhin haben sie sich für ein gemeinsames Hobby entschieden. Glück für sie, etwas Gemeinsames für sich entdeckt zu haben, das ihnen offensichtlich gleich viel bedeutet.

Denn abgesehen davon, dass es nicht selbstverständlich ist, überhaupt eine Beziehung zu haben, ist es auch keineswegs so, dass man mit seinem Partner automatisch in gemeinschaftliche Interessen hineinwächst.

Wenn man sich in wilden Zeiten kennengelernt und sich später der Familiengründung gewidmet hat, ändert sich die Situation, wenn die Kinder langsam flügge werden. Wo man früher am Wochenende am Rand des Fußballfelds oder in einer Turnhalle den Nachwuchs angefeuert hat, hat man plötzlich wieder Paarzeit, die es gemeinsam zu füllen gilt. Aber was, wenn der Partner auf einmal ganz andere Vorstellungen hat von einem gelungenen Wochenende?

Anjas Mann Reiner hat zum Beispiel vor einem Jahr wieder mit Joggen angefangen. Jetzt bereitet er sich mit seiner Laufgruppe auf einen Marathon vor. »Kaum ist er von der Arbeit zuhause, ist er schon wieder weg in seinen neonfarbenen Funktionsklamotten«, hat sich Anja bei mir beschwert. »Dabei wollten wir doch dieses Jahr endlich unseren Tanzkurs machen. Aber Pustekuchen! Auch am Wochenende ist er nie da, weil er dauernd trainieren muss. Langsam komme ich mir vor wie eine Freizeitwitwe.«

Viele entwickeln in den besten Jahren neue Interessen. Aber nicht immer die gleichen. Und stellen auf dem Sonnendeck fest, dass der eine lieber zum Bowlen gehen möchte und die andere Vögel beobachten. Er möchte wandern gehen, sie Schlittschuhlaufen. Er will am Computer daddeln, sie in die Stadt. Sie möchte zum Flohmarkt, er mit den Jungs kicken. Sie will aktiv sein, er hat keine Lust zu gar nichts. Oder umgekehrt.

Eine schwierige Situation mit allerhand Sprengkraft!

Es ist toll, wenn man in der Freizeitgestaltung Kompromisse findet. Aber das klappt nicht immer. Aus guten Gründen. Jeder hat seine Idealvorstellung von einem perfekten Wochenende. Ich freue mich sehr auf die freie Zeit und die Möglichkeit, zwei Tage so zu gestalten, wie ich das will. Einander zu Unternehmungen zu überreden, auf die einer von beiden eigentlich keine Lust hat, ist auf Dauer keine gute Lösung – für beide Partner. Was nützt es, wenn er Spaß hat beim Drohnenfliegen und sie es langweilig findet, aber trotzdem mitkommt? Der Zoff ist vorprogrammiert. Besonders, wenn man dabei auf Unternehmungen verzichtet, die man stattdessen selbst gerne gemacht hätte. Dieser Zwiespalt führt zu Frust. Der führt zu Ärger und irgendwann ist der Streit da.

Eine symbiotische Beziehung, in der beide alles zusammen machen, mag beeindruckend wirken. Ist aber die Ausnahme.

Genauso mit der besten Freundin. Die eine, mit der man wirklich ALLES zusammen macht, die jedes Geheimnis kennt und für jede Unternehmung die beste Gesellschaft ist, ist auch ein einzigartiger Glücksfall. Und entspricht eher dem Klischee, wie es in Filmen gezeigt wird. Ich glaube, es kann auch viele beste Freundinnen geben – für verschiedene Sachen. Die, mit der man super beim Sport zusammenpasst. Die, mit der man am liebsten ins Kino oder Theater geht und über Bücher spricht. Die, mit der man zusammen den Bachelor oder andere Trashsendungen guckt, die andere, mit der man super essen gehen oder Städte besuchen kann, weil sie ähnliche Vorlieben hat. Von einer Person zu erwarten, dass sie in allen Bereichen des Lebens auf derselben Wellenlänge liegt, ist ein bisschen viel verlangt. Selbst wenn man diese Person über alles liebt.

Wissenschaftliche Untersuchungen zeigen, dass es auch gar nicht nötig ist, ständig mit dem Partner zusammenzuhängen, um eine glückliche Beziehung zu führen. Viel wichtiger sind gemeinsame Werte wie Toleranz und Verständnis, war das Ergebnis einer Langzeitstudie über glückliche Ehen. Solange man Verständnis hat für den anderen und ihm den Freiraum gibt, kann es sogar sehr bereichernd sein, wenn man getrennt seinen Hobbys nachgeht und sich abends davon erzählen kann. So kann man auch intensiv am Leben des anderen teilnehmen.[*]

In Köln gab es eine Ausstellung über italienische Landschaftsmalerei, die ich unbedingt sehen wollte. Mein Mann bekundete ebenfalls Interesse. Wir versuchten verschiedene Anläufe, aber immer kam was dazwischen. Dann stand das Ausstellungsende bevor. Ich sagte zu meinem Mann, jetzt müssten wir gehen. Aber er hatte an diesem Wochenende partout keine Lust dazu und wollte lieber im Garten werkeln. Ich wollte mich gerade über ihn ärgern, da schlug er vor: »Frag Anja.«

»Die ist bei ihrer Mutter«, brummelte ich.

Er zuckte die Achseln. »Dann geh doch alleine.«

---

[*] Vgl. Eva Dignös, dpa: »Paare im Freizeitstress: Gemeinsame Hobbys sind nicht alles«, Aachener Zeitung, 2015

Ich stutzte. Auf die Idee war ich noch gar nicht gekommen. Dabei war sie richtig … gut! Wenn auch etwas gewöhnungsbedürftig. Schließlich beinhaltet das Idealbild einer Beziehung gemeinsam verbrachte Freizeit. Und wenn man mal getrennte Wege geht, schwingt sofort der Verdacht auf Ehekrise mit. Aber eigentlich ist auch das nur ein Problem der Außenwirkung. Dieses Gefühl, man müsste die Welt damit beeindrucken, wie harmonisch und einträchtig man nach so vielen Jahren ist und dass man immer noch alles zusammen macht.

Mit dieser überhöhten Vorstellung – diesem idealen Beziehungsrollenbild – behindert man sich nur selbst. Ich mache mir darüber keine Gedanken mehr. Wir sind schließlich keine Hollywoodstars, die irgendwelche lauernden Paparazzi mit Ach-was-sind-wir-glücklich-Szenen für die internationalen Medien überzeugen müssen.

Ich darf auch ruhig mal Freizeitsolistin sein!

ALLEIN IN BESTER GESELLSCHAFT

Wer in der Öffentlichkeit alleine irgendwo hockt, gerät schnell unter Außenseiterverdacht. Der Einzelgänger ist das Modell Lonesome Cowboy, und das ist out wie Lucky-Luke-Comics und der Marlboro Mann. Oder ein genauso schlimmes Klischee: die Eigenbrötlerin, die wortkarg durch die Gegend schlurft und nur aufblüht, wenn sie mit ihren Katzen redet.

Das mag übertrieben sein. Aber eines steht fest: Mit dem Satz »Ich bin gern für mich allein« kann man niemanden beeindrucken. Sich selbst genügen hat kein Protzpotenzial. Dabei ist es unglaublich bereichernd, wenn man nicht von der Begleitung anderer abhängig ist.

Ja, es kostet am Anfang Überwindung, sich alleine herauszuwagen. Ich bin vor einer halben Ewigkeit mit dem Rucksack in Asien unterwegs gewesen. Als ich das erste Mal in Bangkok gelandet war, hatte ich mir mit einem ortskundigen Deutschen ein Taxi in die Stadt geteilt. Er hatte mir noch ein Guest House in der Khao San Road empfohlen und war dann weg. Ich weiß noch genau, wie ich meinen Rucksack in dem kleinen Zimmer abgestellt hab und nicht weiterwusste. Ich habe mich auf einmal gefragt: »Und jetzt? Was mache ich denn jetzt? Wie geht Alleinreisen eigentlich?«

Die größte Hürde war für mich am Anfang, mich allein ins Restaurant oder Café zu setzen, und auszuhalten, dass alle anderen in Gesellschaft waren. Vielleicht würden die anderen denken, ich hätte keine Freunde. Oder ich würde gemieden wie eine Aussätzige. Das war eine komische Situation, die ich noch nie erlebt hatte.

Als Alibi hab ich mir dann die Zeitung genommen oder ein Buch – es gab ja noch keine Smartphones. Bis ich irgendwann beschlossen habe, dass es mir total egal ist, was andere denken. Ich fing an, genauso entspannt die Straße zu beobachten, die Passanten, die Szenerie, wie wenn ich in Begleitung gewesen wäre.

Nach einer Weile hatte ich mich daran gewöhnt. Ich stellte fest, welche Vorteile es hatte, allein unterwegs zu sein. Nämlich, dass ich machen konnte, was ich wollte. Ohne auf irgendjemanden Rücksicht zu nehmen. Ohne mich absprechen und Kompromisse finden zu müssen. Ohne soziale Verpflichtungen! Wenn ich keine Lust hatte, mich mit irgendwem zu unterhalten, brauchte ich das nicht tun. Wenn mir nach einer Unterhaltung war, konnte ich irgendwelche anderen Traveller ansprechen. Und wenn es nett war, auch gemeinsame Ausflüge machen. Ganz, wie es mir in den Kram passte. Niemand erwartete etwas von mir. Deswegen konnte ich auch niemanden enttäuschen. Ohne Erklärungen oder Rechtfertigungen abliefern zu müssen, konnte ich unternehmen, wonach mir gerade der Sinn stand. Frühmorgens zum Sonnenaufgang einen Berg besteigen. Drei Stunden in einem Tempel sitzen. Einfach die Fähre auf eine Insel nehmen. Länger an einem Ort bleiben oder früher abfahren als geplant. Essen gehen, wann immer ich Hunger hatte. Mich um acht Uhr abends schon ins Bett legen und lesen. Den ganzen Tag in der Hängematte liegen und lesen. Ich habe sehr nette Leute kennengelernt. Aber ich war auch sehr viel allein. Und ich fand das so großartig!

Diese Auszeit von allen Erwartungen an mich fand ich unglaublich entspannend. Und die Freiheit, zu tun und zu lassen, was ich wollte, extrem bereichernd.

Man kann das zuhause so nicht durchziehen. Will ich auch gar nicht. Hier freue ich mich, mit anderen Zeit zu verbringen. Und meine Tagesplanung richtet sich größtenteils nach dem, was meine Familie machen möchte. Trotzdem bleibt immer noch Zeit für mich. Und seit ich alleine in der Kunstausstellung war, habe ich sie wiederentdeckt: die Freiheit, Sachen zu unternehmen, die ich möchte, auch wenn kein anderer Lust dazu hat.

Es ist so schade, wenn man seine Interessen einschränkt und seine Unternehmungslust bremst, nur weil keiner mitkommen möchte. Wer immer auf Begleitung wartet, verpasst so viele Möglichkeiten. Auch wenn es am Anfang ungewohnt ist, kann ich es sehr empfehlen, das öfter mal auszuprobieren. Und sich dann nicht hinter dem Smartphone verstecken, sondern ganz entspannt die Situation zu genießen.

> Wer sich selbst eine beste Freundin ist, erlangt so viel
> Freiheit! Und öffnet sich eine kleine Welt in der großen.

WAS SOLLEN DENN DIE LEUTE DENKEN?

Was sollen denn die Leute denken?

Dieser Satz, den man von der älteren Verwandtschaft kennt, war vermutlich schon zu Wirtschaftswunderzeiten altbacken. Trotz seiner Schwammigkeit jedoch hat er eine ziemliche Durchschlagskraft und fungiert als Generalaufforderung zu Ordnung und Sauberkeit. Das Auto waschen, die Straße kehren, den Vorgarten pflegen, die Haare kämmen, zur Kirche gehen, Gardinen aufhängen, die Nachbarn grüßen. Wenn man das nicht tut – was sollen denn da die Leute denken?

Die Frage bekam ich von meiner Oma oft zu hören. Aber sie erklärte nie, warum es schlimm sein sollte, wenn sich irgendwer irgendwas denkt. Genauso wenig wusste ich, wer »die Leute« eigentlich sind. »Na, die Leute halt«, sagte meine Oma immer und machte eine unbestimmte Handbewegung in alle Himmelsrichtungen. Weswegen ich stark die Nachbarschaft in Verdacht hatte. Und wenn Frau Krüger in ihrem Kittel den Gemüsegarten harkte, schielte ich auf dem Weg zum Bus neugierig zu ihr rüber, um rauszufinden, ob sie gerade irgendwas dachte.

Mir war nie in den Sinn gekommen, dass meine Oma mit dieser Floskel nur ihren eigenen Ansichten über gutes Benehmen mehr Autorität verleihen wollte. So unpräzise diese ominöse Drohung über die Gedanken der Leute war, so ist sie vermutlich genau deswegen im Gedächtnis haften geblieben.

Und sie wirkt. Zum Beispiel, wenn ich den starken inneren Drang verspüre, eine Veranstaltung zu verlassen, die bereits ihren Sinn verloren hat – ich mich aber nicht überwinden kann, um nicht unangenehm aufzufallen.

Elternabende, Gemeindeversammlungen, Straßenfeste, Online-Konferenzen, Feiern von entfernten Bekannten, Dienstjubiläen, die Geburtstagsfeier der Chefin, kulturelle Ereignisse wie Ausstellungen, Konzerte, Theater. Zu manchen dieser Veranstaltungen geht man aus sachlichem Interesse, zu anderen aus reinem Pflichtbewusstsein oder dem Wunsch nach Unterhaltung. Man möchte sich blicken lassen, etwas erfahren, Unterstützung signalisieren oder sich einfach vergnügen. Solange das auch passiert, ist alles bestens.

Aber wenn schon alles gesagt wurde, keine neuen (oder für mich interessante) Informationen mehr zu erwarten sind, der Unterhaltungswert unter eine kritische Marke fällt und alles sowieso unglaublich langweilig ist, überkommt mich das dringende Bedürfnis, nach Hause zu gehen. Aber ich traue mich nicht, weil ich keinen schlechten Eindruck machen möchte. (Oder so. Ich weiß nicht genau, warum das so ist. Ich befürchte, es ist der ominöse Was-sollen-denn-die-Leute-denken-Fluch, der mich einholt.) Selbst wenn ich vorsichtshalber bei der Sitznachbarin oder dem Gastgeber angedeutet habe, dass ich gleich gehen müsse, schaffe ich es nicht aufzustehen. Und harre aus, bis offiziell Schluss ist. Zwischenzeitlich schaue ich neidisch denen hinterher, die einfach irgendeine Begründung abliefern (oder auch nicht) und sich verdünnisieren. Siehe da: Niemand zerreißt sich das Maul, wenn sie weg sind. Und trotzdem bin ich wie festgewachsen, obwohl ich nichts lieber täte, als nach Hause zu gehen.

Ich habe beschlossen, dass ich das nicht länger mitmachen möchte.

Je weniger Zeit man noch auf seinem Lebenskonto hat, desto wertvoller wird sie. Und umso bewusster möchte ich sie investieren.

UM ZEIT ZU HABEN, MUSS MAN SIE SICH NEHMEN

Neulich habe ich es zum ersten Mal gewagt – mit moralischer Unterstützung. Mein Mann und ich waren bei einem andalusischen Liederabend. Es entpuppte sich als pseudopoetisches Geschwurbel mit Maultrommeleinlagen. Wir haben eine Weile gegen die Ermüdung angekämpft mit Hurz-Witzen. Das war lustig, machte die Veranstaltung aber nur kurzfristig erträglicher. Zum Glück saßen wir weit hinten. Wir haben uns zugenickt, an den voll besetzten Tischen vorbeigeschoben und sind rausgegangen. Ich schwöre, der Mann am Nachbartisch hat uns neidisch angeguckt. Ich fühlte mich geradezu verwegen. Als ob wir die Schule schwänzen würden! Zum kulturellen Ausgleich sind wir zu Tapas und Rotwein in eine spanische Kneipe gegangen. Das war ein richtig schöner Abend.

Seit dieser Premiere des vorzeitigen Abgangs versuche ich, den richtigen Zeitpunkt abzupassen, wenn irgendwelche Veranstaltungen ihren Sinn verlieren.

Der Infoabend zu den Neubauplänen des Stadtviertels hat die offiziellen Tagesordnungspunkte abgeschlossen und ist für die Diskussion freigegeben. Die Fragen fangen an, sich zu wiederholen, ich erfahre nichts Neues mehr: aufstehen und gehen.

> Das gemütliche Beisammensein mit den Kollegen plätschert vor sich hin, die Gespräche erlahmen, man ist selbst nicht mehr in Plauderlaune und hat auch genug von Dirks Prahlerei, der unbekümmert alle zutextet: sich verabschieden und gehen.
>
> Der Elternabend ufert aus, weil zwar alles schon gesagt wurde, aber noch nicht von jedem: sich verabschieden und gehen.
>
> Die Band nutzt die Zeit zwischen den Songs, um langatmige Pamphlete über ihre Entstehungsgeschichte zu verlesen: sich nicht verabschieden und gehen.

Ich muss mich dazu immer noch überwinden, aber es ist ein bisschen wie Pflaster abreißen. Augen zu und durch. Und sich über die gewonnene Zeit freuen!

Wenn man sich die Zeit vorstellt wie fruchtbare Erde, dann verschwendet man sie dort, wo man nichts Interessantes erfährt, wo keinem geholfen wird, man nichts Gutes bewirken kann.

Zeit, aus der nichts erwächst, ist tote Zeit.

Ein reiner Energieräuber. Seiner Familie, anderen Menschen oder Anliegen und Unternehmungen, die es wert sind, Zeit zu schenken, ist dagegen eine Bereicherung.

SEINE EIGENEN FEHLER

AUSHALTEN

ABER ICH BIN DOCH SO NETT

Obwohl ich doch so nett bin, gibt es tatsächlich Idioten, die mich nicht leiden können. Zum Beispiel Joyce, die beste Freundin meiner Nachbarin Dilara. Wir kennen uns schon eine Weile von diversen Feiern. Ich fand sie auf Anhieb bemerkenswert. Dilara hatte mir erzählt, dass Joyce Anwältin ist und sich besonders für Frauenrechte einsetzt. Das passt zu ihr, finde ich, weil sie eine energische Ausstrahlung hat. Ich hab Joyce nach ihrem Job gefragt. Ich hab ihr zugehört, Komplimente gemacht, ihr was vom Grill mitgebracht, ihren Teller mit abgeräumt, dem Sohn die Daumen gedrückt für den Känguru-Mathewettbewerb in der Schule. Und was macht sie? Begrüßt mich an Dilaras Geburtstag trotzdem nur knapp und beachtet mich nicht weiter. Bin ich vielleicht doch nicht so interessant, unterhaltsam und sympathisch, wie ich gedacht hab? Kaum gerät man an eine kalte Schulter, erwacht der Selbstzweifel.

Wie einmal bei der Wahl zur stellvertretenden Vorsitzenden des Bürgervereins. Da gab es eine Person, die mich nicht gewählt hat! 16 Stimmen für mich, eine gegen mich. Wer dieser unverschämte Mensch war, möchte ich mal wissen. Und vor allem: Was hab ich dem- oderderjenigen getan?

Es ist verrückt, dass ich mir mehr Gedanken mache über die eine Ablehnung als über viele Anerkennungen. Aber das ist überraschenderweise normal. Es gibt dafür sogar eine wissenschaftliche Erklärung. Neurowissenschaftler haben herausgefunden, dass Ablehnung im Gehirn die gleichen Areale aktiviert wie körperlicher Schmerz. Den Grund dafür liefert die Evolution. Früher bedeutete der Ausschluss aus einer Gruppe Lebensgefahr. Deswegen sendet das Gehirn

bei sozialer Ablehnung die gleichen Warnsignale wie bei einer kör-
perlichen Verletzung.[*]

Dass Zurückweisung weh tut, merkt man beim Liebeskummer
besonders. Natürlich ist eine Gegenstimme bei irgendeiner Vereins-
wahl kein Vergleich zu der Zurückweisung eines Schwarms oder der
großen Liebe. Aber auch kleine Abfuhren von unwichtigen Menschen sind unangenehm. Deswegen ist es natürlich am schönsten,
wenn man von allen gemocht wird. Gefallenwollen ist auch eine
Form des Beeindruckens. Man möchte mit Komplimenten oder
Aufmerksamkeit oder klugen Ratschlägen oder Hilfe oder sonstigem
Engagement andere Menschen von sich überzeugen – und Anerkennung einheimsen.

Besonders Nettigkeit spielt dabei eine große Rolle. Wer freundlich
ist, kommt besser an und ist beliebter. Mädchen werden stärker dazu
erzogen, lieb und nett zu sein. Jungs eher dazu, auch mal Ellenbogen
zu zeigen. Ein Junge, der sich gegen andere durchsetzt, wird als An-
führer anerkannt, ein Mädchen schnell als Zicke bezeichnet.

Diese Stereotype wirken weiter im Erwachsenenleben. Frauen
suchen eher Bestätigung durch Entgegenkommen und Nettigkeit
als Männer. Sie neigen stärker dazu, Harmonie über ihre eigenen
Bedürfnisse zu stellen, und vermeiden deswegen auch gerne klare
Ansagen und sachliche Auseinandersetzungen. Von Frauen würde
erwartet, dass sie lächeln, hat die Autorin Chimamanda Ngozi Adi-
chie festgestellt.[**]

---

[*] Vgl. Marion Sonnenmoser: »Soziale Zurückweisung: Hohes Erkrankungsrisi-
ko«, Ärzteblatt 9/2011
[**] Spiegel 13/2022

Auch im Fernsehen würden Frauen »häufig bizarr freundlich dargestellt«, sagt die Produzentin Shonda Rimes. »Diese Darstellung hat aber nichts mit echten Frauen zu tun.«[*]

Und da ich eine echte Frau bin, muss ich mir muss ich mir diese Wahrheiten eingestehen:

Ich bin nicht immer nett.

Nicht alle können mich leiden.

Und es gibt nichts, was ich daran ändern könnte.

Ich kann ja auch nicht alle Menschen gleich gut leiden. Na klar sind mir nicht alle Leute sympathisch. Das erwarte ich auch gar nicht. Also ist es nur logisch, dass es umgekehrt genauso ist. Es ist unmöglich, von allen gemocht zu werden. Selbst wenn man Salto schlagen und Kieselsteine in Gold verwandeln könnte – das ist keine Garantie, dass einen alle mögen. Wenn aber etwas unmöglich zu erreichen ist, wieso sollte man sich schlecht fühlen, wenn man es nicht schafft?

Das habe ich mittlerweile akzeptiert und merke, wie es mich entspannt. Auch gegenüber denjenigen, die mich nicht leiden können. Ich habe übrigens aufgegeben, Joyce überzeugen zu wollen, dass sie mich mag. Ich begrüße sie genauso freundlich wie sie mich und wende mich dann jemand anderem zu. Ohne Groll. Denn so ist das Leben. Und das ist viel zu schön, um es mit selbstzweiflerischer Grübelei zu verbringen.

---

[*] Spiegel 12/2022

WAS HAT MAN VOM TEMPERAMENT, WENN ES NICHT AB UND ZU AUSBRICHT?

Gelassenheit ist ein paradiesischer Ort. Und es gibt gefühlt 3999 Ratgeber, die einem sagen, wie man dorthin gelangt. *Entscheide dich gegen Stress. Appelliere an den Gelassenheitsguru in dir. Denke wie Buddha.* In den besten Jahren hat man gelernt, jeglichem Stress relaxt in die verzerrte Fratze zu blicken und ruhig zu bleiben. Die ewige Gelassenheit ist das Nirwana der kleinen Leute. Das Idealbild der entspannten Frauen und Männer auf dem Sonnendeck.

Ich finde das toll. Und bewundere Leute, die auch in hitzigen Momenten Fassung bewahren. Die ihrer Selbstbeherrschung Herr sind, cool sind, ein Pokerface aufsetzen. Ich wäre auch gerne so. Leider habe ich kein Pokerface. Höchstens ein Mau-Mau-Face. Und das reicht nicht, um seine Gefühle hinter einer Maske zu verstecken.

So wie neulich. Ich hatte schlecht geschlafen. Nach dem Aufstehen bemerkte ich, dass das Klo verstopft war, in der Bahn rempelte mich eine dreiste Person vom letzten freien Sitzplatz weg, eine Interviewpartnerin beschwerte sich über meinen Beitrag, in dem ihre Nase »mit Absicht wie ein grotesker Riesenzinken gefilmt worden ist«, und meine Chefin schnauzte mich wegen irgendeiner angeblich fehlerhaften Abrechnung vor versammelter Mannschaft grundlos an. Und ich bin peinlicherweise tatsächlich in Tränen ausgebrochen, obwohl ich so sicher war, dass mir das nie wieder passieren würde. Manchmal sind in meinem Nervenkostüm eben faustgroße Löcher, durch die die Selbstbeherrschung sich davonschleicht, und dann ist nix mit Gelassenheit und buddhistischer Ruhe.

Das Miese an solchen Situationen ist, dass das Verlieren der Beherrschung den ganzen Stress sofort potenziert, weil man sich zu dem ganzen Ärger auch noch über sich selbst aufregt. Und zwar am allermeisten. Denn jeglicher Gefühlsausbruch hallt in einem nach wie ein Echo. Ich war noch eine ganze Weile peinlich berührt und beschämt. Genau wie neulich, als ich eine schöne Radtour gemacht und mich eigentlich sehr wohl gefühlt habe. Nur die vielen Leute, die nicht auf den Gegenverkehr achteten, sondern lustig die ganze Breite des Weges für sich reklamierten, fand ich nervig. Beim dritten Radfahrer, der dreist grinsend auf mich zuraste, hab ich es dann gemacht: mich wirklich geärgert. Und mir ist laut ein »Idiot« rausgerutscht. Die Beleidigung war eigentlich an ihn adressiert gewesen, aber beim Weiterfahren merkte ich, dass sie mich selbst getroffen hatte. Der Beleidungs-Bumerang. Ich war keinen Ärger losgeworden, sondern hatte ihn erst recht für mich behalten. Zu dem Groll über die Rücksichtslosigkeit anderer kam die Unzufriedenheit, dass ich mich bei dem tollen Wetter hatte zum Schimpfen hinreißen lassen. Dabei wollte ich doch einfach nur entspannt sein. Ich brauchte ein paar Kilometer, um mir meinen emotionalen Ausbruch zu verzeihen.

Ein Wutausbruch ist wie ein Stück Torte bei einer Diät.

Ein Ausrutscher. Aber kein Grund, alles hinzuschmeißen und sich in Grund und Boden zu verdammen. Man ist kein Versager, wenn man mal kurz die Beherrschung verliert. Es ist eine überzogene Erwartungshaltung, alles richtig machen zu wollen. Auch hierbei!

Wenn die Kartoffeln überkochen, weil man gerade eine Lebensmittelmotte im Mehl entdeckt und der Postbote die Nachzahlungsaufforderung vom Finanzamt gebracht hat, während sich die Kinder einen epischen Schlagabtausch darüber liefern, wer im Keller eine Flasche Wasser holen gehen muss, bewahren einen nur mentale Goldreserven vor einem Kreischanfall. Die habe ich eben nicht immer.

Und wie schlimm ist es eigentlich, ab und zu mal eine Heulattacke oder einen Wutausbruch zu bekommen und so ganz und gar uncool zu sein? Ich finde jedenfalls Leute, die in einer Situation von Überforderung einfach mal in Tränen ausbrechen, sehr sympathisch. Mal einen Ausraster zu haben, ist total okay, weil menschlich. Immer so zu tun, als würden mir Sachen nichts ausmachen, als würde Stress an mir abperlen, kann auch überfordern. Und wenn es dann passiert ist, einfach durchatmen, sich entschuldigen (bei wem auch immer man da gerade ausgerastet ist) – und sich selbst verzeihen.

Der erste Schritt zu Gelassenheit ist sowieso, die Erwartungshaltung aufzugeben, dass man perfekt sein sollte. Ab und zu verliert man eben die Nerven. Was soll's. Entschuldigen, Mund abwischen, weitermachen. Temperament ist wie das kleine Schwarze. Zu besonderen Gelegenheiten holt man es aus dem Schrank. Und danach hängt man es wieder weg.

Bekenntnisse einer uncoolen Frau in den besten Jahren, Wendepünktchen 6

4. April

Morgen haben wir zum Brunch eingeladen. Früher gingen bei solchen Gelegenheiten Dutzende Flaschen Sekt weg. Heute kann man Sekt mindestens der Hälfte unserer Freunde nicht mehr anbieten. »Wegen der Säure.« Trotzdem wird im Alter vieles besser. Das Essen zum Beispiel. Da musste ich mir einiges überlegen, denn unsere Gäste sind anspruchsvoll. Sie essen handgeschöpften Käse aus den Pyrenäen und bevorzugen Olivenöl aus Apulien. Dazu machen sie solche Sprüche wie: »Wir tanken schließlich auch Super und kein Frittenfett. Hahaha«. Gute *Lebensmittel* sind ihnen sehr wichtig. Sie haben vor einiger Zeit auch eine Rinderpatenschaft übernommen. Ein Jahr lang bekommen sie Details aus dem Leben ihrer persönlichen Paten-Kuh *(Heute begann die Weidesaison. Welch eine Gaudi! etc.)* und am Ende ein schickes Paket mit Rindfleisch. Ich frage mich, ob die Kuh auch glücklich ist über dieses Arrangement. Unsere Freunde sind es jedenfalls, denn sie schwärmen sehr. Im Vergleich zum normalen Rindvieh ist es offensichtlich nicht nur leckerer, sondern auch gesünder. Auch für die Kuh. (Jedenfalls eine Weile.)

Für unsere Kuhliebhaber habe ich für morgen Kräuterrührei mit Parmaschinken, Mohnbrioches und Vitello Avocado vorbereitet. Und Eiscreme mit japanischer Yuzu-Schale. Bin gespannt, ob ich sie damit beeindrucken kann.

5. April

Vermelde Erfolg. Das Yuzu-Eis kam gut an und hat gleich eine Bergamotte-Diskussion losgetreten. Gespräche über exotische Zitrusfrüchte – auch etwas, was ich nie für möglich gehalten hätte.

13. April

Die Grand-Cru-Isierung des Lebens schreitet voran. Früher haben wir viel Wein getrunken, heute guten. Mein Leben V. S. O. P. – Very superior old pale!

21. April

Es ist seltsam. Trotz meiner Sonnendeck-Clubmitgliedschaft habe ich immer noch den starken Drang, Gleichaltrige zu duzen. Zum Beispiel die anderen Eltern in der Schule. Hey yo, wir sind doch eine Klassengemeinschaft. Die meisten sehen das offensichtlich genauso, denn fast überall ist das »Du« unter den Eltern normal. Doch dann sind immer ein paar Griesgrame dazwischen, die auf das erwachsene Sie bestehen. Da ertappe ich mich dabei, dass ich anfange rumzueiern und direkte Anreden vermeide. »Es wäre schön, wenn ich dann Bescheid kriegen würde.« Oder: »Wenn wir jetzt alle hier anpacken, sind wir schneller fertig.«
Muss dringend an mir arbeiten. Vor allem, weil Duzen auch zur Falle werden kann! Als wir aus dem Sommerurlaub kamen, waren nebenan neue Nachbarn eingezogen. Als ich die Frau über den Zaun grüßte, duzte ich sie. Kurz darauf hatten wir unseren ersten Streit wegen ihrer offensichtlichen Vorliebe für Schwelbrände aus feuchtem Holz. Ich werde ihr wohl das Sie anbieten müssen.

28. April

Ich war heute beim Elternsprechtag und wurde dort überrascht. Vom zirkulären Wesen der Mode. Ja, ich weiß, dass jeder Trend wiederkommt, aber bei manchen Trends kann ich trotzdem kaum glauben, dass sie aus der Versenkung auftauchen wie Bobby Ewing damals unter der Dusche. Die junge Lehrerin meiner Tochter trägt eine Brille wie ich auf meinem Führerscheinfoto. Deep 80s. Das Führerscheinbild hole ich nur zu beson-

deren Momenten hervor. Um meinen Kindern einen Schrecken einzuja-
gen, beispielsweise. Was nicht nur an der Igelfrisur und dem einen langen
dünnen Flechtzopf liegt, sondern besonders an dieser Ganzkörperbrille.
Und dann komme ich zum Elternsprechtag und sehe diese junge Frau
mit einem wie aus den 1980ern gebeamten Kunststoffgestell und denke
mir – hey! Ich war ja damals doch cooler, als ich heute denke.

5. Mai
#momentsofmadness

Ich hab alkoholfreien Wein gekauft. Nach einem Zeitungsartikel dachte
ich wirklich, es wäre eine Alternative. Lecker und gesund, das Beste aus
zwei Welten. Was soll ich sagen? Ich kann jede Menge gesunde Sachen
essen und mich darüber freuen, dass ich gesunde Sachen esse. Grün-
kernfrikadellen. Linsensalat. Bohnenbratlinge. Aber alkoholfreier Rotwein
geht gar nicht. Eine Mischung aus Essig und Traubensaft. Von alkohol-
freiem Wein kommt man vielleicht nicht auf Schnapsideen. Aber ich befürchte, alkoholfreier Wein an sich ist schon eine Schnapsidee.

16. Mai

Gespräche über Wehwehchen liegen neuerdings auch hoch im Trend.
»Mein Rücken bringt mich um«, stöhnt unsere Sekretärin immer. Unsere Chefin trägt eine Schiene gegen das Karpaltunnelsyndrom und Dirk
prahlt über seinen Tennisarm, den er nur hat wegen seines »hohen Mus-
keltonus«. Alle Welt hat Rücken, Schulter und Fersensporn. Gelenkergüs-
se werden in schillerndsten Farben beschrieben, Bandscheiben kennt
man persönlich, es gibt nicht mehr das rechte und linke, sondern das
gute und schlechte Knie. Ich hab den Eindruck, es ist eine Auszeichnung,
wenn das Skelett langsam den Geist aufgibt. Früher wollte man in die
Raucherecke, heute in die Reha.

Osteopathen werden so heiß gehandelt wie ökologisch unbedenkliche Aktienfonds. Immer mit dem Hinweis: monatelange Warteliste. Und wer richtig was auf sich hält, hat eine gute Connection zum Orthopäden. Am besten einen Freund, den man bei Bedarf auch am Wochenende anrufen kann. Nein, es ist nicht schön, wenn sich erste Verschleißerscheinungen bemerkbar machen. Das Gute aber daran ist, man wird nicht mehr gebeten, beim Umzug mitzuhelfen. Was geht mich die Revolution an? Ich hab Rücken!

Wozu die Welt erobern? Ein Platz am Pool reicht auch!
Altersweisheit für Anfänger

JEDE VERÄNDERUNG IST
AUCH EIN NEUANFANG

FRÜHER WUSSTEN WIR ALLES BESSER, HEUTE HABEN WIR WIRKLICH RECHT

In der Jugend ist man davon überzeugt, die Weisheit mit Löffeln gefressen zu haben. Ratschläge von Älteren? Braucht man nicht. Erst viele Jahre später erkennt man, dass man tatsächlich im Blindflug durchs Leben gerauscht ist. Und dass die eigenen Eltern vielleicht doch hin und wieder recht hatten.

Plötzlich verstehe ich sie. Plötzlich ergibt ihr mahnendes Geschwafel einen Sinn. Und plötzlich höre ich sie reden – nur kommen die Worte aus meinem Mund! Ich ertappe mich bei Sätzen wie: »Da ist eine Klinke an der Tür.«

»Hör auf zu kippeln.«

»Wer die Schere benutzt hat, legt sie zurück.«

»Zieh eine Jacke an, du wirst dich noch erkälten!«

Es ist erstaunlich. Früher wussten wir alles besser. Heute haben wir wirklich recht. Aber hören die Kinder deswegen auf uns?

Nein. Natürlich nicht. Wenn es anders wäre, würde die Menschheit ja von Generation zu Generation klüger. Dann würde Verhalten eine Evolution durchlaufen. Dann würde niemand mehr Fehler machen und keine Verrücktheiten anstellen. Und dann? Dann hätten wir uns heute nichts mehr zu erzählen, wenn wir uns bei einem leichten Abendessen zu viert eine Flasche Wein teilen. Dann könnten wir nicht losprusten und uns gegenseitig an die Abenteuer erinnern, die wir erlebt haben, weil wir auf keine Warnungen gehört hatten. Dann gäbe es viel weniger zu lachen und schon gar kein ungläubiges Kopfschütteln über die eigene Chuzpe und die Schutzengel, die gleich scharenweise über uns gewacht haben müssen. Und so hat alles seine Zeit. Es gibt eine Zeit, um Ratschläge in den Wind zu schießen, und eine Zeit, um Ratschläge zu erteilen. Eine Zeit, um Geschichten zu produzieren, und eine Zeit, sie sich zu erzählen. So kann man sich auch heute noch cool fühlen, weil man das eben alles mal gemacht hat – indem man auf seine Eltern nicht gehört hat.

Und deswegen hoffe ich zwar, dass meine Kinder meine Ratschläge beherzigen. Aber genauso hoffe ich, dass sie ebenso viel Spaß haben wie wir damals. Ich weiß nur noch nicht, wie meine Nerven das aushalten sollen. Das ist eine der größten Herausforderungen auf dem Sonnendeck: seine Kinder loszulassen und ihnen die Freiheit zu geben, die wir auch für uns reklamiert haben. Und darauf zu warten, dass sie irgendwann verstehen, dass wir recht hatten.

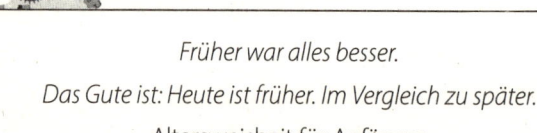

> *Früher war alles besser.*
> *Das Gute ist: Heute ist früher. Im Vergleich zu später.*
> Altersweisheit für Anfänger

EINE KISTE MIT UNERFÜLLTEN TRÄUMEN IST AUCH EIN SCHATZ

Anja und ich haben einen Kollegen. Bernd, vom Schnitt. Bernd ist nicht nur Cutter, sondern auch Bergsteiger, Sambatänzer in Rio de Janeiro und Retter von Lemuren in Madagaskar und rosafarbenen Leguanen auf den Galapagosinseln. In seinen Träumen zumindest. Leider gab es immer irgendwelche Gründe, die ihn abhielten, seine

Träume wahr werden zu lassen. Er wollte nach dem Abitur Au-pair in Brasilien werden, aber er hatte schon einen Ausbildungsplatz bekommen und ist deswegen nicht gefahren. Später hatte er die Pläne in der Tasche, mit einer Umweltschutzgruppe auf die Galapagosinseln zu reisen, aber seine Mutter wurde krank und es ging nicht. Alle seine Vorhaben scheiterten an der Realität. Und das nimmt ihn sehr mit. Dauernd erzählt er davon, was er alles hätte machen wollen, und jammert darüber, so viele Gelegenheiten versäumt zu haben – alles in allem klingt das ziemlich deprimierend.

Ich finde es schade. Unerfüllte Träume müssen nichts Schlechtes sein und kein Grund dafür, sich unglücklich zu fühlen. Man muss nur überlegen, warum man irgendwas nicht getan und was man stattdessen bekommen hat.

In der Ökonomie gibt es das Konzept der Opportunitätskosten. Diese bezeichnen den entgangenen Gewinn oder entgangenen Nutzen einer nicht gewählten Alternative. Wenn ich mich zum Beispiel in der Kantine für die Spinatlasagne entscheide, muss ich auf das Putengeschnetzelte mit Reis verzichten. Wenn hinterher am Tisch die anderen von dem tollen Geschnetzelten schwärmen, kommt es mir vielleicht so vor, als hätte ich mich falsch entschieden. Ich »zahle« also Opportunitätskosten oder auch Verzichtskosten für das entgangene Erlebnis Putengeschnetzeltes. Verpasste Chancen wiegen schwer – weil man sie in Gedanken ausschmückt und sie noch verlockender erscheinen. Wäre ich doch besser mitgefahren zu dem Zeltausflug an Pfingsten, anstatt zuhause den Garten auf Vordermann zu bringen! Hätte ich besser direkt abgesagt, anstatt zu dieser langweiligen Vernissage zu gehen! Hätte ich doch nicht dieses Hotel gebucht, sondern das andere!

Das kennt wohl jeder, das Spiel: *Hätte, hätte, Fahrradkette.* Dieses Spiel aber bringt nichts. Man kann es nämlich nicht gewinnen. Verpasste Gelegenheiten lassen sich nicht nachträglich aufholen. Getroffene Entscheidungen nicht rückgängig machen. So simpel wie wahr ist: Man kann nicht alles haben. Anstatt sich also über entgangene Möglichkeiten zu grämen, ist es besser, auf das zu schauen, was man durch die Entscheidung an anderen positiven Erlebnissen oder Erfahrungen gewonnen hat.

Bernd war vielleicht nicht auf den Galapagosinseln, aber er hat seiner Mutter durch die Krankheit geholfen und die beiden haben sich dadurch angenähert und heute eine wunderbare Beziehung. Seine Ausbildung hat ihn zu dem Job geführt, den er gerne macht. Klar musste er dafür etwas aufgeben. Aber er hat so viel dafür bekommen. Diesen Wert sollte er nicht aus den Augen verlieren.

Ich finde es total in Ordnung, auf dem Sonnendeck eine Kiste mit unerfüllten Wünschen bei sich zu haben. Sie ist ein Teil des Lebens. Man kann sie sich anschauen und entscheiden, dass es ein guter Wunsch war, den man aber nicht umsetzen konnte – und sich erinnern, warum das nicht ging. Man muss nur ehrlich zu sich sein. Hochtrabende Träume sind auch eine Möglichkeit, beeindrucken zu wollen. Man hält an etwas fest, was vielleicht nie wirklich da war.

Wenn man die Kiste mit den unerfüllten Träumen durchforstet, gibt es drei Alternativen zum leidigen Spiel *Hätte, hätte, Fahrradkette*:

1. Sich an das erinnern, was man stattdessen gewonnen hat.
2. Sich eingestehen, dass es nicht an den Umständen gescheitert ist, sondern an fehlendem Mut, Willen oder sonst was. Was auch total in Ordnung wäre.
3. Sich überlegen, ob man die Hindernisse nicht beseitigen kann, die Angst über Bord wirft und sich doch noch den Traum erfüllt. Es muss ja nicht exakt derselbe sein wie vor zig Jahren. Man darf ihn an die heutige Situation anpassen.

Das Einzige, was man nicht machen sollte, ist hadern und sich ärgern. Das ist verschwendete Zeit. Bernd übrigens hat jetzt eine Reise auf die Galapagosinseln gebucht. Zwar nicht mit einer Umweltschutzgruppe, sondern mit einem Reiseveranstalter. Seine Mutter kommt mit.

WIR SIND CHUCK NORRIS

Mit Coolness ist es wie mit Kryptowährungen. Theoretisch weiß ich, was das sein soll, aber richtig kapiert habe ich es nie.

Coolness ist ebenso kompliziert wie widersprüchlich. Einerseits bedeutet sie die Unabhängigkeit von der Meinung anderer. Andererseits ist Coolness auch die Verkörperung von Eigenschaften, die andere bewundern. Man soll sich also nicht um die Meinung von denen scheren, die man beeindrucken will. Ja, äh, was denn nun? Sind die cool, die nicht beeindrucken wollen, oder die, die sich extra cool geben und dafür bewundert werden?

Ich glaube, den Durchblick hat nur einer. Chuck Norris.

Der Schauspieler ist zu einer lebenden Legende geworden. Es kursieren Hunderte Witze über ihn, die alle gemeinsam haben, dass sie ihn zum Herrscher über die physikalischen Gesetze deklarieren und ans obere Ende der Nahrungskette setzen und überhaupt an das obere Ende vom oberen Ende.

Hier nur mal drei typische Vertreter der Chuck-Norris-Witze:

Wenn Chuck Norris niest, kauft sich Corona Nudeln und Klopapier.

Wie viele Liegestütze macht Chuck Norris? Alle!

Chuck Norris braucht keine Uhr. Er entscheidet, wie viel Uhr es ist.

Ich finde, wir sollten alle ein bisschen Chuck Norris sein. Und selbst entscheiden, was cool ist.

Uncool sein zum Beispiel.

SEIN ÄNDERN LEBEN

Routinen und Gewohnheiten geben Sicherheit. Veränderungen hingegen bergen Risiken. Kein Wunder, dass sie erst einmal kritisch betrachtet werden. Vor allem, wenn es um Veränderungen geht, die man nicht selbst bestimmt. Die Abteilung wird umstrukturiert, die Kinder bringen zum ersten Mal einen Partner mit, der Ehemann kauft sich ein Motorrad und eine Lederkluft und hat auf einmal neue Freunde, die Ehefrau trainiert für den Iron Man auf Hawaii, nebenan das alte Häuschen wird abgerissen und durch ein Mehrfamilienhaus ersetzt. Unsicherheit macht sich breit, wenn gewohnte Abläufe sich ändern. Die Angst vor dem Unbekannten löst Stress aus.

Was auch daran liegt, dass nicht jede Veränderung eine positive ist. Viele Veränderungen tragen das Potenzial einer Krise in sich. Aber jede Krise birgt auch Chancen. Man muss sie nur nutzen – und für sich herausfinden, was sie an Möglichkeiten bietet. »Wer aufhört zu lernen, ist alt. Er mag 20 oder 80 sein«, sagte Henry Ford.

Auch auf dem Sonnendeck hört das Lernen nicht auf. Es gibt immer wieder Situationen, auf die man sich einstellen muss. Anpassung ist eine der wichtigsten Fähigkeiten des Menschen. Früher sicherte Anpassung an die Umwelt das Überleben. Heute kann man zwar auch steinalt werden, wenn man in seinen Gewohnheiten verharrt und sich jeder Weiterentwicklung entzieht. Man muss schließlich nicht mehr umherziehen, um Beeren und Pilze oder Jagdbeute zu finden. Aber glücklich wird man sicher nicht, wenn man sich nur an die Vergangenheit klammert.

Denn immer noch gilt: Nichts bleibt, wie es ist.

Nur wer sich auf neue Situationen einstellen und sein Verhalten anpassen kann, wächst daran und kann optimistisch in die Zukunft blicken. Akzeptanz für Veränderungen, eigene und die anderer, ist dafür der erste Schritt.

Das fällt manchen schwer. Neulich traf ich Suse. Sie ist Drehbuchautorin und eine Freundin von Nikos. Bei ihren Feiern tauchen regelmäßig berühmte Schauspieler, Moderatoren und Musiker auf. Nikos' neues gesundes Dasein kommt bei ihr gar nicht gut an. »Nikos ist so langweilig geworden«, beschwerte sie sich mit ihrer kratzigen Stimme. »Echt, ich hab schon gar keine Lust mehr, mich mit ihm zu treffen.« Sie schnippte ihre Kippe auf die Straße. »Diese ganzen Gesundheitsfanatiker überall, total langweilig. Keiner raucht mehr, keiner trinkt mehr und selbst Kuchenessen ist für manche schon Gift geworden. Was ist mit der Welt los?« Sie fühlte sich geradezu persönlich beleidigt. Vermutlich, weil ihr die Gefährten für ihre Partys abhandenkommen.

Veränderungen in der Umgebung werden zunächst oft kritisch beäugt, weil sich diese mitunter auch auf einen selbst auswirken. Wenn andere sich plötzlich anders verhalten als früher, rüttelt das am eigenen Selbstbild und zwingt vielleicht ebenfalls zu Veränderungen. Das kann aber auch sehr positive Effekte haben und ein Anstoß sein, seine eigenen Gewohnheiten auf den Prüfstand zu stellen oder neue Impulse zu bekommen.

Wenn in deiner Umgebung auf einmal alle Vegetarier werden, denkst du eventuell auch neu über deinen Fleischkonsum nach. Wenn Freunde das Wandern für sich entdecken, schließt du dich vielleicht mal an und findest auch Spaß daran. Weil Rainer so viel unterwegs ist mit seiner Laufgrippe, musste Anja ihre Freizeit auch neu gestalten. Sie hat sich jetzt für die Leseförderung entschieden und eine entzückende Kindergruppe gefunden, mit der sie Bücher liest. Außerdem hat sie sich ein E-Bike gekauft und begleitet Rainer nun manchmal bei seinen Runden.

»Nur wer sich ändert, bleibt sich treu«, sang Wolf Biermann. Da ist viel Wahres dran. Und vielleicht ist das, was als Veränderung auffällt, auch nur das wahre Selbst, das endlich zum Vorschein kommt. Auch wenn andere über die Entwicklung staunen mögen, ist es vielleicht in Wahrheit keine wirkliche Veränderung. Und man weiß in seinem Inneren: Ich hab mich nicht verändert. Ich war schon immer so, habe es aber nicht gezeigt. Weil ich mich nicht getraut habe. Weil ich dazugehören wollte. Weil ich Bestätigung gesucht habe.

Weil ich beeindrucken wollte.

Es gibt so viele Gründe, sein wahres Ich mit all seinen Bedürfnissen und Ansichten und Vorlieben und Eigenschaften zu verhüllen. Es unter den Schichten der verschiedenen Kostüme zu verbergen. Auf dem Sonnendeck wird es Zeit, diese abzulegen. Denn am schönsten sind wir, wenn wir niemandem gefallen wollen. Sondern einfach so sind, wie wir sind. Mit Ecken und Kanten. Und der einen oder anderen Rundung.

HEUTE KOCH ICH MAL
GLÜCKSPILZRAGOUT'

MEIN FAZIT

Ich finde diese mittleren Jahre einfach toll. Sie sind wahrlich die besten. Man hat die Chance, sich noch einmal neu kennenzulernen. Indem man sich freimacht vom Müssen. Von Gewohnheiten. Vor allem von den vielen Erwartungen, mit denen man sich das Leben schwer macht. Auf dem Sonnendeck kann man einiges an Ballast über Bord schmeißen: das ganze Beeindruckenwollen zum Beispiel.

Wir wissen eigentlich längst, wie wenig Sinn es macht, sich ständig Gedanken über vermeintliche Mängel oder eine noch bessere Performance zu machen. Oder an sich rumzunörgeln, weil man nicht dem Idealbild der perfekten Frau und Mutter und Partnerin entspricht. Weil man in Sachen Job und Haushalt und Sport und Geldanlagen und kulturellem Interesse und Faltenstatus und Frisurentrends keine Höchstnoten erreicht.

Ich muss mir nur alte Fotos angucken. Dann denke ich, Mensch, wieso hab ich mir damals Gedanken über mein Äußeres gemacht? Ich sah gut aus. Punkt. Das habe ich damals nur so klar nicht bemerkt. Ich wollte immer irgendwas ändern. Was für eine Energieverschwendung!

Wenn ich mir heute weiter Gedanken mache über etwas, was in meinem Leben nicht optimal ist, werde ich mir in 20 Jahren vermutlich das Gleiche denken: Jeder Stress über Dinge, die nicht optimal gelaufen sind, war sinnlos.

Ich bin nicht perfekt, ich werde es nie sein.

Deswegen setze ich offiziell auf meine To-don't-Liste:

Nach Optimierung streben.

Es allen recht machen.

Angst haben.

Sich von irgendwelchen Erwartungshaltungen reinpfuschen lassen.

BEEINDRUCKEN WOLLEN.

Schluss damit! Die restlichen Staffeln meiner Telenovela (und das sollen noch so einige werden!) möchte ich nach meinen Vorstellungen gestalten. Und das ist auch die einzige radikale Entscheidung, die ich getroffen habe, auf dem Sonnendeck.

Ich habe meiner Regisseurin gekündigt.

Du hast genug gemacht, hab ich ihr gesagt.

Ab jetzt übernehme ich.

ÜBER DIE AUTORIN

Hanna Dietz, geboren 1969 in Bonn, wollte eigentlich Sportlehrerin werden, musste dann aber feststellen, dass es ziemlich kompliziert ist, Kindern den Felgaufschwung beizubringen, wenn man ihn selbst nicht kann. Also wurde sie Journalistin. 2007 veröffentlichte sie ihren ersten Roman. Mittlerweile hat sie 20 Bücher geschrieben. Mit *Männerkrankheiten* schaffte sie es ganz nach oben auf die Spiegel-Bestsellerliste.

Hanna Dietz

EINFACH MAL SO TUN,
ALS OB
DAS LEBEN
EINFACH WÄRE

SPIEGEL
Bestseller

Wie sich dein Leben verbessert,
wenn du endlich mal entspannst

mvgverlag

Auch als E-Book erhältlich

192 Seiten
14,99 € (D) | 15,50 € (A)
ISBN 978-3-7474-0126-2

Hanna Dietz

Einfach mal so tun, als ob das Leben einfach wäre

Wie sich dein Leben
verbessert, wenn du endlich
mal entspannst

Ständig entlarven wir unsere Fehler selbst und machen uns vor lauter Selbstzweifel jede Menge unnötigen Stress. Dabei liegt das Glück nur ein paar kleine Täuschungsmanöver entfernt. Denn manchmal reicht ein bisschen Schönfärberei, um Probleme loszuwerden. Bestsellerautorin Hanna Dietz zeigt, wie viel gelassener das Leben wird, wenn wir über unsere Unsicherheiten hinwegtäuschen oder nur so tun, als hätten wir alles voll im Griff. Mit der nötigen Prise Humor führt sie durch das Dickicht der selbstgebauten Stolperfallen und zeigt, wie wir lernen können öfter einfach nur so zu tun, als ob das Leben einfach ist, denn dann kann es zur Realität werden.

192 Seiten
9,99 € (D) | 10,30 € (A)
ISBN 978-3-7474-0255-9

Simona Meyer

Früher war alles leichter. Ich zum Beispiel.

Ohne Botox und Baucheinziehen entspannt in die zweite Lebenshälfte

Wenn wir erst mal ein gewisses Alter erreicht haben, regen wir uns nicht mehr über Kleinigkeiten auf. Wir werden uns akzeptieren und nicht mehr mit unseren Oberschenkeln hadern. Weil wir alles erreicht haben, endlich angekommen sind und jenseits der 40 andere Dinge zählen ... Nun, das war der Plan.

Als Simona Meyer versehentlich auf die Selfie-Funktion ihrer Handy-Kamera kommt und das Gefühl hat, dem Grüffelo in die Augen zu blicken, weiß auch sie: Ich werde alt. In ihrem humorvollen Buch räumt sie auf mit den großen Illusionen, die wir uns über das »Später« gemacht haben, das plötzlich da ist.